Diana Voigt

Sabbatical –
Ausstieg auf Zeit

Diana Voigt

Sabbatical – Ausstieg auf Zeit

Eine Abenteuerreise zu sich selbst

Kösel

Druck und Bindung: Pustet, Regensburg
Umschlag: getty images / Colin Anderson
Umschlagmotiv: 2005 Werbung, München
ISBN 3-466-30690-6

Gedruckt auf umweltfreundlich hergestelltem Werkdruckpapier
(säurefrei und chlorfrei gebleicht)

Inhalt

Einleitung

Auszeit, Time-Off, Freijahr, Sabbatical, Sabbatzeit – welch vielversprechende, wunderbare Worte! Sie lösen in den gestressten, überarbeiteten und wohl funktionierenden Menschen der Ersten Welt oft eine Fülle von Träumen, Phantasien, Ideen und Sehnsüchten aus.

Viele von uns stehen seit Jahren unter starker beruflicher Belastung, fühlen sich eingeengt in Anstellungsverhältnissen oder sind überlastet von der Verantwortung als Selbstständige. Für diese Berufstätigen kann die Möglichkeit einer Auszeit wie ein rettender Schimmer am Horizont auftauchen, der ein Burnout verhindert, oder sie stellt einen lang gehegten Wunsch dar, der immer wieder aufsteigt.

Die Sabbatzeit erscheint dann wie die magische Zeit der großen Freiheit, in der all das endlich gelebt werden kann, was sonst im Alltag untergeht. Wie das Symbol für Lebenslust und Kreativität, das Kürzel für Unabhängigkeit, vielleicht ein kleines Stück Unangepasstheit, ein bisschen Revolution ...

In dieser Zeit kann in der Phantasie alles passieren, was wir jahrelang zurückstellen oder wegstecken mussten, obwohl wir uns innerlich danach gesehnt hätten und von dem wir fühlten, dass es ein wichtiger Teil des Lebens wäre.

Mit der Idee einer Auszeit könnte alles hereinrücken und Wirklichkeit werden. Endlich kann man reisen, eine Sprache lernen, sich der Familie widmen, ausschlafen, sich für das engagieren, was man immer schon wollte. Endlich, endlich, endlich ...

In diese Zeit wird alles hineingepackt, was lange auf Eis lag, und oft wird man von der Lawine an schönen Ideen förmlich überrollt. So viele Pläne, interessante Projekte und ansteckende Kreativität tauchen in einem auf, dass man zuerst gar nicht weiß, wohin damit. Die Fülle an Gedanken und Wünschen kann fast eine Belastung werden, ein neuerlicher Leistungsstress, auch alles umzusetzen und nur ja nichts zu versäumen. Und darüber könnte man/frau dann vielleicht das Wichtigste einer Sabbatzeit vergessen: das Loslassen, sich aus der Hand geben, die Kontrolle und Planung abgeben und schauen, was passiert. Das Leben einfach kommen lassen.

Und dann gibt es für einen nicht unbedeutenden Teil der Gesellschaft gerade jetzt eine andere Form von Auszeit. Eine erschreckende, unfreiwillige, durch Jobverlust hervorgerufene – die Arbeitslosigkeit. In Zeiten der Globalisierung und der großen Einsparungen allerorten werden auch berufstätige Menschen eingespart. Sie werden zum Spielball der Konzerne und müssen sich mit dem dunklen Phänomen der »leeren Zeit« konfrontieren. Sie wird den Betroffenen plötzlich von außen aufgebürdet, stürzt deren Leben um und verschafft in kaum aushaltbarem Ausmaß Freizeit, die auch ertragen, durchlebt und letztlich gut genutzt werden will.

Eine weitere Form der Auszeit, die eigentlich nicht zu den Frei- und Ruhezeiten für den Einzelnen gehört, aber Abwesenheit vom Arbeitsplatz und Ausrichtung auf völlig andere Lebensinhalte bedeutet, ist die Karenzzeit. Wenn ein Paar beschließt, ein Kind in die Welt zu setzen und sich dessen Großwerden in den ersten Jahren völlig widmen möchte und muss.

Und nicht zuletzt gibt es die vom »Schicksal« auferlegte Auszeit. Wenn einen die eigene Krankheit oder die von Angehörigen vom Arbeitsplatz wegholt: wenn wir durch Erkrankung, durch deutliche Signale des eigenen Körpers, gezwungen werden, leiser zu treten, nach innen zu schauen und zu lauschen, und daraufhin versuchen müssen, diese Signale zu verstehen, und sie im besten Falle in ein neues Wachstum, in Heilung im umfassenden Sinne umsetzen können.

Oder wenn uns Krankheit und Endlichkeit bei PartnerInnen, nahen Angehörigen oder FreundInnen begegnen, die Zeit für Pflege und Unterstützung des geliebten Menschen fordern und das herkömmliche Arbeitsleben mit seinen Gesetzen in den Hintergrund treten lassen und relativieren.

Alle Formen, die »positiven«, frei gewählten, das Privileg Auszeit, die freudige Auszeit, um sich einem Kind zu widmen und die anderen, die »negativen«, aufgezwungenen, der Makel Auszeit oder das Schicksal Auszeit, sind Zeiten der Wandlung und der äußeren und inneren Umbrüche.

Wenn sie bewusst »angegangen« und vorbereitet werden, entwickeln diese Zeiten ihre eigene Dynamik, die Ruhe, Widmung, Risikobereitschaft, Ehrlichkeit und Tiefgang brauchen. Und die an ihrem Ende einen anderen Menschen in die Mitte der Normalität, den Alltag entlassen. Keiner, der eine Auszeit aus welchen Gründen auch immer erlebt hat, steigt als gleicher Mensch wieder in diesen Alltag ein – sofern man überhaupt wieder einsteigt. Immer sind Veränderungen passiert, manchmal fast unsichtbar für die Umwelt, manchmal spektakulär, manchmal kommen die Umbrüche viel später.

Ich möchte Ihnen in diesem Buch von meiner Form des Sabbaticals erzählen, als ich nach vielen Jahren der Berufstätigkeit, fast die Hälfte davon als Selbstständige, die Chance hatte, mir neun Monate, ein Frei-Dreivierteljahr, zu gönnen. Ich bin in dieser Zeit viel gereist – obwohl viel weniger als ursprünglich geplant – und durfte viele andere Welten und Lebensformen kennen lernen.

Ich werde Ihnen erzählen, welche Erlebnisse ich in dieser Zeit hatte und welche Fragen und Lebensthemen dabei auftauchten; was vielleicht typisch und allgemeingültig sein kann auch für andere Menschen, die eine solche Zeit ersehnen oder planen, worauf man achten könnte, was man erwarten muss, was man mit einplanen sollte und worauf man sich freuen kann.

Dieses Buch ist – völlig beabsichtigt – kein herkömmlicher Ratgeber. Sie werden hier keine Hinweise finden, wie man eine Auszeit »technisch« plant, welche rechtlichen Möglichkeiten es gibt oder wie man seine Finanzen organisiert; wie man wann wohin reisen kann, Visa, Impfungen und eine Bleibe organisiert – dazu gibt es einige hervorragende Bücher. Mein Buch handelt von inneren Prozessen, die sich anhand äußerer Ereignisse zeigen. Es ist ein Buch über die Seele und ihre möglichen Entwicklungsschritte, über psychologische und emotionale Vorgänge, über Wünsche und andere mögliche Lebensthemen, vielleicht auch über Entscheidungen.

Ich möchte Sie mitnehmen in diese Zeit der äußeren und inneren Reise. Ein Sabbatical ist ein aufregendes Erlebnis und eine wunderbare Chance, aber erwarten Sie nicht nur Sonne, Palmen und Bilder aus dem Reisekatalog.

In diesem Sinne darf ich mir eines der schönsten Grußworte aus einer großen Glaubenstradition ausleihen – and let's start:

Shalom Shabat!

Aufbrüche

An der Grenze

Ich sitze im Bett und heule. Es ist Spätherbst und gerade ist eine der anstrengendsten Messen meiner Branche zu Ende gegangen. Der Koffer liegt noch unausgepackt auf dem Wohnzimmerboden – und wird es auch noch eine Weile bleiben –, ein paar Sakkos liegen verstreut herum und werden lange auf die Reinigung warten müssen. Bücher, Notizen, Akten, gerade erst das Waschzeug ist schon dort, wo es hingehört.

Eine Woche mit Terminen im Halbstundentakt liegt hinter mir, ich habe hunderte verschiedene Gesichter gesehen, auf Abendempfängen gelächelt und Smalltalk gemacht, unter Tags meine Produkte angeboten und mit Enthusiasmus oder mehr oder weniger gut versteckter Erschöpfung viel geredet. Habe interessierte, freundliche, gleichgültige oder ausgelaugte Gegenüber gehabt, die viele meiner Angebote bestellten und mich wieder einmal in Freude und Hoffnung versetzten, gute Geschäfte machen zu können. Diese Hoffnung wird sich in den nächsten Wochen auf ein realistisches Maß einpendeln.

Und nun bin ich leer. Mein Körper rebelliert, ich bin halb krank – und ich heule. Aus Erschöpfung und zunehmend auch aus Wut. Was soll das alles? Warum tue ich mir das an? Warum und für was belaste ich mich so? So will ich das nicht!

Ich bin zu diesem Zeitpunkt seit vierzehn Jahren in der Buch- und Verlagsbranche tätig, eine der spannendsten, abwechslungsreichsten Branchen, die ich mir vorstellen kann. Ich liebe meine Arbeit, ich liebe es (meistens) als literarische Agentin für meine Kunden tätig zu sein, ihre Inhalte und Themen an Interessenten heranzutragen und zu vermitteln, Ideen und Menschen weltweit zu vernetzen. Ich bin selbstständig.

Selbstständigsein kann für berufstätige Menschen ein sehr engagiertes Projekt bedeuten. Meist geht ihr eine längere Zeit als Angestellte/r voraus, bis dann der Sprung in die berufliche Unabhängigkeit gewagt wird, die eine Realisierung eigener Pläne und Vorstellungen, manchmal auch Träume ermöglicht. Selbstständigkeit ist ein Stück Selbstverwirklichung. Es ist im übertragenen Sinne wie ein Kind in die Welt zu setzen und es wachsen zu lassen.

In dieses engagierte Vorhaben fließt bei selbstständigen Menschen alle Kraft und oft auch fast alles Geld. Später, wenn das »Kind« gewachsen ist, das Projekt steht und sich entwickelt, kommt ein zunehmendes Maß an Verantwortung dazu. Oft gibt es angestellte MitarbeiterInnen, zunehmende finanzielle Verpflichtungen sowie eine möglicherweise wachsende Zahl an Kunden, denen gegenüber man verantwortlich ist. Und binnen weniger Jahre sieht sich die/der Selbstständige in einem Netzwerk von Anforderungen, Verpflichtungen, Lenkungsaufgaben und auch Problemen, die bewältigt werden müssen. Der größte Teil der Lebensenergie geht in die Arbeit. Und ab da beginnt die Schattenseite der früheren Freiheit als Selbstständige/r.

Fast alles außerhalb der Arbeit bleibt ungetan, die einfachsten Dinge des Alltags bleiben unerledigt: Lebensmittel für die Woche einkaufen, shoppen, ein Theater oder Kino besuchen, Musik hören, Bücher lesen oder einfach die Vögel und den Wind im Wald hören; all dies wird im Sog des Jobs fast vergessen.

Und bei vielen Menschen geht die Identifikation so weit, dass der vielleicht wichtigste Aspekt des Lebens, Liebe und Partnerschaft, außer Acht gelassen wird. Sie haben gar nicht die Zeit bzw. nehmen sie sich nicht, sich auf einen anderen Menschen einzulassen. Gefühle, Gespräche, Auseinandersetzung bräuchten zu viel Energie, die im Moment ganz der Karriere gewidmet wird.

Aber nicht nur Selbstständige haben dieses Problem. Ich kenne viele KollegInnen in meiner Branche, die angestellt arbeiten und wohl ganz ähnliche Themen haben. Die Identifikation mit dem Job ist groß, ein Aufstieg soll gelingen, Anerkennung aus den höheren Etagen und Selbstbestätigung sind wichtig – und sie »hauen sich rein«, und zwar total. Wenn dann das Wochenende oder fast alle Abende der Woche zum mentalen Büro werden, und der Esstisch zum Schreibtisch, ist es schon passiert. Die Arbeit ist zum Leben geworden.

Dieses Lebensmodell ist ein weit verbreitetes und hängt wohl eng mit den Wertvorstellungen der westlichen Welt zusammen, die hauptsächlich auf materielle Güter ausgerichtet sind. Ihr Erwerb, ihre Anhäufung und der damit verbundene hohe Lebensstandard (nicht gleichzusetzen mit Lebensqualität!) ist nur durch intensive Arbeitsanstrengung möglich und wird durch Leistung und Konsum erkauft. Viele von uns kennen nichts anderes und haben sich schon früh und immer über Leistung definiert. Die Identität und das Selbstwertgefühl werden auf »Gutsein« und der Sichtbarkeit von materiellem Reichtum aufgebaut. Anerkennung von außen ist so wichtig und kommt nicht übers Nichtstun.

Die andere Hälfte, die immaterielle Welt und ihre Werte von innerer Stimmigkeit, (Wohl)gefühl, Achtsamkeit, Respekt und Selbstverwirklichung auch zum Wohl anderer kommt zu kurz und unser Leben gerät aus der Balance.

In dieser einseitigen, unbalancierten Situation meldet sich der unterdrückte Teil selbstverständlich immer mehr über Sehnsüchte und Wünsche, Gefühle, nicht am richtigen Platz zu sein und im Extremfall sogar über Krankheit zu Wort.

Natürlich steht auch die existentielle Frage – Geld – im Zentrum. Die angespannte Situation am Arbeitsmarkt tut das ihrige und erlaubt wenig Spielraum. Somit befinden wir uns bald oder verbleiben in fest gefügten, gut geschmierten, herausfordernden, erfreulichen oder weniger erfreulichen Jobgefügen. Und bis zum Ruhestand kein Ausweg!

Für mich war das nicht anders. Ich hatte mich mit Mühen, relativ spät und mit sehr viel Therapie aus einer konservativen Familie und traditionellen Rollenverständnissen herausgeschält und wollte als Frau *meinen* Weg gehen, mir und allen Menschen um mich herum viel beweisen. Ich begann ein Studium und schloss als Erste in meiner Familie eine akademische Ausbildung ab, ich betätigte mich (basis)politisch, ich begann meinen ersten Job als Angestellte in einem engagierten kleinen Verlag, ich machte Zusatzausbildungen und ging ins Ausland, um dort zu arbeiten, immer mit dem Gedanken, besser zu werden, immer nur weiter, besser, selbstständiger. Ich hatte und habe noch immer ein starkes Leistungsdenken, die Selbstdefinition über Arbeit, den Aufbau einer Identität und des Selbstwertgefühls über Gutsein in mir. Und obwohl meine Entwicklung, wie die vieler selbstständiger Frauen, vor dem Hintergrund ihrer Wurzeln etwas Besonderes darstellt, sind wir ganz gewöhnliche Produkte einer Leistungsideologie und Marktorientiertheit der Ersten Welt.

Arbeiten statt leben, Geld statt Freude und Erfülltheit, Ego statt wahres Ich.

Dabei gehört das alles zusammen, um in eine »Work-Life-Balance« zu kommen: arbeiten, um gut zu leben; Lebensqualität statt Lebensstandard; Geld, um Potential zu entwickeln; Freude empfinden und weitergeben zu können; Ich-Entwicklung mit anderen und für andere.

Die Büchse der Pandora

Spätestens mit vierzig geht es Ihnen dann vielleicht wie mir und Sie finden sich – um die Kurve zu vollenden – im Bett sitzend wieder und heulen. Für mich war dieser Moment ein Alarmsignal, der mir zeigte, dass es nun genug war und ich hinsehen sollte auf die mahnenden Zeichen. Es war an der Zeit, der – noch – leisen Stimme zu folgen und die Büchse der Pandora zu öffnen. Heraus kamen all die tiefgefrorenen, für spätere Feste gehorteten, auf unbekannte Zeiten verschobenen Träume und Wünsche. Die Trekkingreise nach Nepal tauchte vor mir auf, die portugiesische Sprache klang rau und singend in mein Ohr, wilde unberührte

Wälder, durch deren Äste die Sonne hereinfiel, kamen vor mein inneres Auge. Auch Namen für meine Sehnsüchte und Projektionen tauchten auf. Neuseeland, Bhutan, Grönland ...

Dieser Mechanismus ist vielen von uns vertraut und ein Phänomen der Haltung »Das Leben ist anderswo«. In Belastungssituationen, Zeiten großer Unzufriedenheit und Unerfülltheit, wenn uns die Sinnhaftigkeit unseres Tuns abhanden kommt, wird diese Tendenz noch stärker. Wir wenden den Blick überall hin nach außen: das andere Leben, das bessere Leben, das freiere, das liebevollere, das reichere, das glücklichere Leben ist immer woanders, in einer anderen Welt, nach der wir uns sehnen. Die Vorstellungen von diesen Welten beginnen sich zu verselbstständigen und entlasten einen in der momentanen Misere der eigenen schwierigen Situation. Es sind Projektionen mit wenig Realitätsgehalt und verweisen auf die unstimmige Situation und den Drang nach Veränderung.

Eine Sabbatzeit kann dazu dienen, solche Bilder zu verifizieren und zu überprüfen, wie die phantasierten Leben und Welten sich in Realität anfühlen. Eine Reise in »das Land der Träume«, eine Ausbildung in etwas, was man immer schon tun wollte, das Ausleben von Talenten und Kreativitäten, die lange brachlagen, helfen, »das Leben« in unser Leben hereinzuholen und es nicht mehr abzuspalten. Die Bilder werden auf den Boden geholt, überprüft, durchlebt und für ein erfüllenderes eigenes Leben integriert oder weggelegt. Und am Ende der Auszeit könnte stehen, dass das richtige Leben, der richtige Ort, hier ist, ein Teil von uns – nicht mehr in Neuseeland, Grönland oder Bhutan. Aber das ist ein jahrelanger Prozess, der noch ausführlich Thema sein wird.

Ich jedenfalls war mit dem Aufkommen meiner Bilder zufrieden. Bald empfand ich große Erleichterung und ein Gefühl der möglichen Befreiung irgendwann in der Zukunft. Meine lebendig gewordenen Wünsche hatten etwas Entlastendes, das mich den Arbeitsalltag vorerst wieder aufnehmen ließ. Sie erleichterten mir die Routine, den stressigen Alltag der Selbstständigkeit und ließen mich eine Weile wieder besser durchhalten.

Aber Wünsche sind auch Mahner. Sie wollen, einmal am Leben, ernst genommen werden und beanspruchen ihren Platz in der Realität. Träume und Wünsche wollen umgesetzt werden. Nicht umsonst gibt es den englischen Satz »beware of your wishes!« Daher ließen mich auch meine nicht mehr in Ruhe. Und mit dem besser Durchhalten war's auch bald nicht mehr getan.

Mir fiel in dieser Zeit etwas ein, was mir viele Jahre zuvor in der Nähe meiner damaligen Wohnung begegnet war und sich täglich quälend in mein Blickfeld geschoben hatte: Während meiner Studienzeit, in einer tiefen persönlichen Krise, als mich mehr oder weniger mein Hund am Leben hielt, der regelmäßig hinausgeführt werden wollte, kam ich immer an einem ebenerdig gelegenen Wohnungsfenster vorbei, wo ein selbst gemaltes Plakat hing mit dem Satz *Don't Dream It, Do It*. Dieser Satz wurde über die Jahre ein Motto, ein Leitspruch, der mich fordert, mich manchmal quält und mich wach hält, auf die leise Stimme zu hören, die sich in Veränderungssituationen meldet.

Und er war natürlich wieder da, als mein Sabbatical sich von der verdrängten Vorstellung zur lebendigen Idee in mir entwickelt hatte.

Nach dem Zulassen war Schritt zwei dran: diese Bilder und Wünsche – noch in der »Light-Variante« – zu behandeln, nach dem Motto *Ich geb' dir ein bisschen Zucker, dann lass mich aber bitte in Ruhe.* Ich ging in Buchläden und kaufte mir prachtvolle Bildbände über Neuseeland, Reiseführer über Burma und die australische Südküste. Ich surfte viele Stunden im Internet und kam von den Pages der Ökobauern auf der Südinsel Neuseelands zu den Wanderreisen der Rhododendrenliebhaber in Südchina zu den UnterstützerInnen von verwaisten Babyelefanten in Thailand. Ein Abenteuer nach dem anderen wuchs mir entgegen und machte mich immer neugieriger und aufbruchbereiter. Schließlich, kurz nach der Jahrtausendwende, war es im Frühjahr 2000 so weit und ich hatte den Entschluss gefasst, mir eine Auszeit zu nehmen. Bis zur Umsetzung sollte es allerdings noch anderthalb Jahre dauern.

Die ersten Schritte waren also getan. Ich hatte mich nach einem Ausbruch innerer Unzufriedenheit und Erschöpfung plus einem Ansturm sehnsüchtiger Gegenbilder entschieden, mir eine Auszeit zu gönnen. Nun begannen die »Mühen der Ebene«, die Umsetzung musste Schritt für Schritt in Angriff genommen werden.

Planung und erste Schritte

Das konkrete Umsetzen der Auszeitpläne ist für alle, die eine solche vorhaben, ein wichtiges Thema, das sehr viel exakte Planung, Genauigkeit und Organisationstalent verlangt. Die meisten Menschen, die eine Auszeit nehmen, befinden sich in Angestelltenverhältnissen, mein Fall aber war eben der einer Selbstständigen, einer »Karrierefrau«. Ich besaß zum

Zeitpunkt meiner ersten Pläne eine Literarische Agentur (mit einem Vollzeitmitarbeiter und einer Hilfskraft), die sechs Jahre am Markt war und sich in dieser Zeit gut etabliert und konsolidiert hatte. Obwohl das Unternehmen intern klein geschnitten war, vertraten wir in einem hoch spezialisierten Segment eine größere Anzahl internationaler Kunden, die intensive Betreuung und Repräsentanz am deutschsprachigen Markt erwarteten. Die Aufbauphase war abgeschlossen, es ging zum damaligen Moment mehr darum, das Erreichte zu sichern.

Innerlich fühlte ich mich in meinem Betrieb nach diesen anstrengenden Jahren des Aufbaus erstmals in einer Phase des Ausatmens. Dennoch würde der Wegfall meiner Arbeitskraft durch ein Sabbatical einen massiven Einschnitt darstellen, der gut geplant und abgefedert werden müsste. Die gesamte ohnehin kleine Betriebsstruktur würde damit auf den Kopf gestellt werden.

Schritt eins war das Gespräch mit meinem wichtigsten Mitarbeiter. Er, der fast von Anfang an im Unternehmen war, den gesamten Aufbau miterlebt hatte und mir in der Aufgabenverteilung und Kompetenz mittlerweile quasi gleich gestellt war, sollte in meinem Plan während meiner Abwesenheit meine Position einnehmen. Aber war er dazu auch bereit und in der Lage? In einem kleinen, unhierarchischen, partnerschaftlich geführten Betrieb können solche Beschlüsse nicht von oben auf den Schreibtisch geknallt werden. Mit ihm stand oder fiel also mein Projekt.

Wir gingen in ein gutes Restaurant, untergebracht in den prunkvollen Verkaufsräumen einer ehemaligen Hutfabrik. Und vor den prächtigen alten Vitrinen und den intarsierten Verkaufsschränken, die in geschwungenen Schriftzügen die vielen Länder ihrer früheren Niederlassungen anpriesen und wie ein Symbol für die Länder meiner Aufbruchsträume waren, verbalisierte ich zum ersten Mal, was mir seit Wochen im Kopf herumging. Und nach einigem Hin und Her, nach dem Skizzieren von Modellen, Positionen, Strategien und finanziellen Aspekten, hatte ich die Zusage meines wichtigsten Verbündeten.

Für Selbstständige ist bei der Realisierung ihrer Auszeitwünsche das Vorhandensein von fähigen, engagierten und verlässlichen MitarbeiterInnen unverzichtbar – und natürlich ein gutes vertrauensvolles Verhältnis zu diesen. Aber auch für die MitarbeiterInnen kann das zeitweilige Ausscheiden des Chefs, der Chefin eine große neue Phase einleiten: mit der Umsetzung der Sabbat-Pläne tritt ein sonderbares Phänomen ein – das des Wachsenlassens, des Sich- und den/die-andere/n-wachsen-Lassens auf beiden Seiten.

Die Person in der Führung tritt heraus aus ihrer Rolle und muss delegieren und loslassen lernen. Das heißt, sie entwickelt das Vertrauen, dass die eben noch »Geführten«, ihre Angestellten, die Fähigkeit und Kompetenz zur Führungsrolle haben. Sie traut es ihnen zu. Für die Führungspersönlichkeit kann das eine gehörige Entlastung bedeuten, es ist wie ein Zur-Seite-Treten, ein Heraustreten und mit einem erleichterten Seufzer Ausatmen.

Vertrauen entwickeln und entgegenbringen zu können ist – ebenso wie Loslassen – eine gehörige Leistung, bedeutet es doch, die Wichtigkeit und Unabkömmlichkeit der eigenen Person ein gutes Stück in den Hintergrund zu schieben, sich selber zu relativieren. Das Ego schrumpft ein wenig, aber das eigentliche Ich, die Persönlichkeit bekommt freien Raum, unverplanten Raum und Zeit zu wachsen.

Für den/die Angestellten geht das Wachstum in eine andere Richtung, sie treten in die Leitungsposition, in eine

Verantwortung und Eigenverantwortlichkeit, zu der sie bisher im Berufsleben nicht die Möglichkeit hatten, die ihnen nicht zugetraut wurde. In der schönen und förderlichen Atmosphäre dieses Vertrauens können sich ungekannte Fähigkeiten und eine persönliche Größe entwickeln. Und es könnte doch passieren, dass sich der Betrieb in der Abwesenheit des Bosses mindestens genauso gut entwickelt wie vorher.

Ein weiterer und konkreterer Schritt in meiner Planung war der, den Umbruch, den mein baldiges Weggehen im Betrieb verursachen würde, ein Stück vorwegzunehmen und in einer neuen Struktur abzusichern. Das Einzige, was klar war, war die baldige Anstellung einer Kollegin, um meinem Mitarbeiter den Rücken für die Führungsposition frei zu machen und das Entfallen von Arbeitsleistung abzufangen. Alles Weitere wollten wir der Hilfe von Betriebsberatung und Coaching überlassen. Und was mir vorerst lächerlich erschien – eine Betriebsberatung in einer Firma von zweieinhalb Leuten –, erwies sich dann als äußerst wirksames und wichtiges Werkzeug, von dessen Früchten wir lange zehrten.

Nach einigem Suchen waren zwei junge engagierte Wirtschafts-Coacherinnen gefunden, die sich auch auf die so speziellen Bedürfnisse meines kleinen Betriebes einstellen konnten, die nicht die horrenden Tagessätze der Wirtschaftsgurus verlangten und unsere untypischen Arbeitsstile verstehen und begleiten konnten.

Dieser Prozess dauerte viele Monate. Mit Erstaunen sah ich, wie ein eher intuitiv gegründetes und geführtes Kleinunternehmen in seine Einzelteile zerlegt und letztlich als hoch professionelles High-Tech-Ding wieder auf die Beine gestellt wurde. Jeder Arbeitsbereich, jeder Schritt, jeder einzelne Kommunikationsprozess wurde durchleuchtet, in seiner Richtigkeit analysiert, entrümpelt und auf die beweglichste, nutzbringendste Basis gestellt.

Aber wie gesagt, das und der gesamte Prozess der Vertrauensbildung, des Delegierens, des Loslassens und des Zulassens von Kontrollverlust dauerten Monate und ich greife vor.

Jedenfalls hatte ich ein paar wichtige Schritte gemacht, um meinen Träumen ein Stück näher zu kommen. Ich fühlte mich sehr erleichtert und entlastet. Nein, ich würde nicht ad infinitum unter hohem Druck in unveränderten Strukturen eine Maschinerie am Laufen halten müssen. Ich durfte loslassen.

Reiseträume – Hochglanzbilder

Doppelleben

In den nächsten Monaten führte ich eine Art Phantom- oder Doppelleben. Auf einer Ebene führte ich mein übliches Berufsleben fort, ergänzt durch die regelmäßigen Betriebsberatungen und Coachings. Und daneben hatte ich mein zweites Leben, das der sich entfaltenden, schon konkreter werdenden Wünsche, der Tagträume und der ersten kleinen Planungen.

Gerade in der Zeit, in welcher der Beschluss zu einer Sabbatzeit gefasst ist, die reale Umsetzung aber noch nicht gelebt wird, scheint ein weiter Raum zu entstehen, in dem sich das entfalten kann, was lange unterdrückt, nicht gelebt und nicht wahrgenommen wurde. Es ist ein Raum der Potentialität, wo die Themen und Wünsche sich ausbreiten, aber noch nicht in die Materie, in die Umsetzung müssen. Dadurch entsteht eine große innere Beweglichkeit und

Sprunghaftigkeit, alles scheint möglich, die ganze Welt breitet sich vor einem aus.

Ich fühlte mich sehr gut, in einer schönen, prickelnden inneren Aufgeregtheit. Ein bisschen vielleicht wie ein Kind, das vor einem großen Buffet mit lauter Köstlichkeiten steht, alles ist wirklich gut, und es darf wählen.

Auch dieses Bild ist übrigens eines, das mich seit einigen Jahren begleitet und ebenfalls eine Leitschnur wurde, wenn ich im Chaos der Möglichkeiten nicht weiter weiß und es um Entscheidungen geht – selbst wenn es so einfache sind, wohin ich denn nun reisen soll. Ich nenne es Das *Wunschbuffet*. Ich übernahm es von einer spirituellen Frau, die mit dem Potential, dem Höheren Selbst von Menschen arbeiten kann.

Stellen Sie sich vor, Sie stehen vor einem wunderbaren, ausladenden Buffet, es ist alles drauf, was Sie lieben, was Sie köstlich finden, in bester Qualität und wunderschön anzusehen. Sie könnten alles wählen und essen, weil es ganz Ihnen gehört. Vielleicht würden Sie das gar nicht schaffen, weil es so viele köstliche Delikatessen sind. Dieses Buffet entspricht all Ihren Wünschen, Ihren schönsten Träumen. Sie müssen nur wählen – das zuerst, das ist mir das Allerliebste, dann dieses, das möchte ich als Zweites genießen, und dann jenes, das wird mein drittes wunderbares Unterfangen usw. Dies ist eine Möglichkeit, mit Phantasien und Wünschen umzugehen und zu entscheiden, ohne von ihnen überschwemmt zu werden.

Doch diese Methode kam für mich erst etwas später, zuerst war das Staunen vorm Buffet dran. Zwei Hauptthemen und Motive waren dabei zentral: das große Thema »Freiheit« und »Die Wilde Frau« (die natürlich auch »Der Wilde Mann« sein kann).

Verschiedene Freiheiten

Vorstellungen von Freiheit sind etwas sehr Individuelles, einzig vielleicht aufzuteilen in »Freiheit wovon« und »Freiheit wofür«. Für Menschen mit Sabbaticalplänen ist »Freiheit« vorerst oft »Freiheit von«. Freiheit von einer bestimmten Art Leben, von einem bestimmten Stil zu arbeiten, des Eingebundenseins, Freiheit von Lebenssystemen und bestehenden Verhältnissen. Im weitesten Sinne ist »Freiheit von« auch global zu verstehen – in welchen gesellschaftlichen und wirtschaftlichen Modellen und Systemen fühlt man sich nicht wohl, welche Lebensarten will man in der Sabbatzeit hinter sich lassen.

Für mich waren mit diesem großen Wort zunächst ziemlich triviale Dinge verbunden wie das baldige Freiwerden-Von ... z.B. in der Früh aufstehen, in der U-Bahn sitzen und grantige Gesichter ansehen müssen, Zeitpläne einhalten, Termine absolvieren.

Im etwas größeren Sinn hieß es zeitweilige Freiheit von Zuständigsein, Geldverdienen, beruflich ein bestimmtes Außenbild abgeben zu müssen – Stichwort Kostüm und Anzug.

In einer noch weiteren Interpretation bedeutet es auch, Sich-frei-Machen von Lebensbildern, Definitionen von Erfolg, Sich-Befreien von Klischees und vermeintlichen Zwängen.

Gerade für berufstätige und karriereorientierte Menschen, wie Selbstständige es oft sind, möchte ich eine kleine Phantasiereise vorschlagen: Stellen Sie sich vor, Sie sitzen am Abend vor dem Fernseher, sehen Werbung und werden von den Bildern berieselt. Nun nehmen Sie ganz bewusst polarisiert und provokant die Gegenposition ein: Sie müssen nicht die Top-Herzeige-Karriere hinlegen, Sie müssen sich nicht totarbeiten, um einen großen, prestigeträchtigen Wagen (schwarz oder dunkelblau!) zu fahren, Sie müssen nicht immer im Designer-Kostüm oder -Anzug mit dem schicksten Laptop auf den Betriebsbesprechungen auftauchen, Sie müssen nicht das blonde Top-Model heiraten, eine Villa bauen und dann mit drei Kindern und Labrador die Vorzeigefamilie leben bzw. auf weiblich: Sie müssen nicht das dunkelhaarige Muskelpaket mit Top-Karriere heiraten, Ihre Karriere aufgeben, drei Kinder kriegen und den Labrador füttern (ja, ich bin sehr provokant, aber sind das nicht genau die Bilder, die wir hundertfach täglich in allen Medien sehen?). Sie dürfen, aber Sie müssen nicht. Welche Erleichterung!

Es gibt noch so viele andere Leben(sarten), noch so viele andere Welten und Sie können wählen, zumindest in der Sabbatzeit.

Und hier beginnt das Thema des »Frei-seins-Für«, das viel schwieriger zu finden ist. Es ist relativ einfach, im beruflichen Alltagstrott herauszufinden, was man nicht will, von welchen Mechanismen man so gar nichts mehr wissen will. Aber das Frei-werden-Für braucht eine positive Ausrichtung, das leitende Prinzip ist das der Freude und aus ihr kann eine Formulierung von neuen Zielen entstehen, die wiederum neue ganzheitliche Wege eröffnen. Dies bleibt meist späteren Phasen der Auszeit vorbehalten und kann als Resultat am Ende stehen – warten Sie bis Kapitel neun.

Ich versuchte zu diesem Zeitpunkt herauszufinden, wo die anderen Lebenswelten liegen könnten und was meine ganz persönlichen Freiheitsbilder sind. Meine Freiheitsbilder waren dabei nichts Kopfgesteuertes, sondern kamen sehr aus der Emotionalität, aus dem Bauch, und Aufmüpfigkeit und Widerständigkeit lagen in ihnen. Sie waren projektiv, sowohl in die Richtung, die ich kritisch hinter mir lassen wollte als auch in Richtung der positiven Zeit, die vor mit lag. Positive Gegenbilder, in denen vermeintlich alles besser ist als hier. Und nach denen wollte ich mich auf die Suche machen.

Meine aktuelle Lebens- und Arbeitswelt sah ich teils mit kritischen Augen, als Welt der gesellschaftlichen, politischen und wirtschaftlichen Einengung, als Hamsterrad des Funktionierens, an dem jemand dreht, den ich nicht kenne und den ich nicht beeinflussen kann. Wenn ich heute an meine polarisierte Sicht von damals denke, muss ich lächeln, wegen ihrer Absolutheit und Radikalität und auch wegen des naiven Glaubens an die heilen anderen Welten. Aber es gibt immer noch ein inneres Zustimmen, dass unser europäisch-amerikanischer Lebensstil nicht die einzige Alternative ist.

Und da meine Freiheitsbilder auch stark mit Reisen verbunden waren, war bald klar, dass ich diese neun Monate auf Reisen verbringen wollte. Ich wollte selber sehen, nachschauen, ob es meine Traumwelten gibt.

Was mir Freude macht(e) und was ich in Europa mehr und mehr vermisse, war eindeutig: Ich sehnte mich nach unbeschädigter Natur, nach weiten großen Räumen, in denen ich mich stunden- und tagelang bewegen konnte, ohne auf Zeichen menschlichen Wirtschaftens zu stoßen. Wo ich Wildtieren begegnen und sie bei ihrem Leben beobachten konnte. Und ich sehnte mich nach den wenig kontrollierten, manchmal chaotischen Arten menschlichen Zusammenlebens, wo das Gutgehen, das Genießen, was zu genießen ist, wo das tägliche Leben und Überleben zu Hause ist.

Sei es die italienische Stehbar, wo die Männer schon um 11 Uhr Vormittag ihr erstes gutes Glas Wein trinken und bald darauf Siesta halten. Sei es der üppige, laute, wilde orientalische Lebensmittelmarkt, wo es so viele Farben und Düfte und eine Überfülle des Lebens gibt, dass es einem den Atem nimmt und man sich mitreißen lassen muss im Fluss des Lebens oder schleunigst nach Europa und zu seinen sterilen Supermärkten zurückkehren sollte. Seien es die überfüllten, dreckigen Straßen indischer Städte, wo die Handwerker nach Zünften geordnet im Staub sitzen und in ihrer von uns so genannten Armut die prachtvollsten Arbeiten aus Gold, Stein, Blechen, Leder oder Stoffen erzeugen.

Das wollte ich spüren und erkunden in Weltgegenden, die ich noch nicht kannte. Meine Reiselust und Neugierde kamen mir da gerade zupass und ich begann nach meinen diversen tagelangen Ausflügen im Internet und den Reiseabteilungen großer Buchhandlungen konkretere Vorstellungen zu entwickeln, wo's denn hingehen sollte. Die Destinationen konnten gar nicht exotisch genug sein und ich ging mit meiner Phantasie um wie mit einem Malkasten mit Wasserfarben. Mit leichter Hand warf ich meine Ziele aufs innere Papier, bunt, leuchtend und so leicht zu träumen.

Ziel Nummer eins war Neuseeland, ein kleines wildes Land auf der anderen Seite der Welt, mit wenigen Menschen, vielen Schafen und angeblich einer wunderbaren Natur. Und dann sollte es weiter gehen in exotische buddhistische Länder. Die Anreise? Kein Problem, einfach ein Hüpfer über Australien und Indonesien nach Burma, sei's mit dem ungeliebten Flieger, aber viel besser zu Land oder per Schiff. Zeit würde ich ja im Überfluss haben. Und dann weiter nach Bhutan – ist doch ein Klacks! Dann ein kurzes Luftholen in Europa, drei Wochen sind bei weitem genug und dann geht's nach den Weiten des Ostens in die Weiten des Westens, konkret nach Grönland.

In den unbegrenzten Räumen der Vorstellung flitzte ich mit dem Finger über die Landkarten und hüpfte von Ziel zu Ziel. Träumen war gleich reisen, und so weit, dass ich mich mit der Umsetzung, der manchmal mühsamen Reiseorganisation, mit Impfungen, Visa, Kleidung, Tickets, Quartieren befassen musste, war ich noch nicht.

Schon in diesem frühen Stadium war klar, dass ich alle diese Reisen alleine machen würde. Und ich hatte allen Ernstes vor, neun Monate ohne Pause in den unterschiedlichsten Weltteilen unterwegs zu sein. Mein Kopf war ganz Planung und jetzt, bevor ich überhaupt einen Fuß vor die Tür gesetzt hatte, stand alles schon fest. Ich hatte meine Reise bereits fest im Griff und alles war mit fixen Bildern versehen. Dass mir die Realität Wochen und Monate später einen Strich durch die Rechnung machen würde, wusste ich ja noch nicht.

Aus diesen Bildern können Sie leicht erkennen, was Ihnen bei der Planung einer Sabbatzeit jederzeit auch passieren kann: aus lauter Vorfreude, Erleichterung und Gewöhnung an Stress und Tempo packen Sie alles in diese kommende Zeit und überfüllen und fixieren sie damit. Vor lauter »Jetzt endlich« wird eine Fülle an Träumen zu Projekten und Plänen gemacht und – vorerst geistig – in die Sabbatzeit hineingestopft. Die Gefahr besteht, auf einmal mit mehr Stress und fixer Planung und reibungslosen Abläufen konfrontiert zu sein als Sie das möglicherweise je in ihrem Beruf sind.

Wir sind so sehr an das Füllen unserer Tage mit Planung und Leistung gewöhnt oder werden durch den Job in ein fix durchstrukturiertes Zeitraster gepresst, dass wir dieses Muster nahtlos in die Sabbatzeit mitnehmen – statt Bürostress eben Freizeitstress. Dabei ist ein Sabbatical vorerst einmal wie ein leerer Raum, die große Möglichkeit, Weite, Stille, Ungeplantheit, Leere und Nichtwissen zu erfahren, aus dem sich dann etwas entwickeln kann. Etwas Neues, eben etwas, das man noch nicht kennt, das Spontane, Unkontrollierte, aus dem neues Erleben entsteht. Und dies mag auch genau der Punkt sein, den wir am wenigsten aushalten, der das größte Risiko in einer Sabbatzeit darstellt und den viele von uns immer vermeiden – das Nichtwissen, was als Nächstes kommt, das Loslassen, das Nichtsmachen und alles nur kommen Lassen.

Ich hatte von all dem vor meiner Auszeit jedenfalls keine Ahnung und bin enthusiastisch, voll verplant und mit ziemlich fixen Vorstellungen losgestartet. In Freiheitsbilder, die mit Freiheit eigentlich wenig zu tun hatten.

Die Wilde Frau (und der Wilde Mann natürlich)

Das zweite große Motiv, das mich bewegt hatte, war das Thema der »Wilden Frau«. Ich glaube, es ist ein kollektives und trotz aller Emanzipation sehr unterdrücktes Bild:

Es ist noch immer nicht selbstverständlich, dass Frauen überhaupt arbeiten, es ist keineswegs selbstverständlich, dass Frauen in hohen Positionen und gut bezahlten Stellen arbeiten, es ist nicht selbstverständlich, dass Frauen Freiräume haben, und für viele ist es auch noch immer nicht selbstverständlich, dass Frauen alleine reisen. Daher ist es auch nicht selbstverständlich, dass Frauen eine Sabbatzeit bekommen, einfach ihren Beruf für eine Weile verlassen können, oder diese Option überhaupt irgendwo am Horizont auftaucht. Die einzig »erlaubte« Version für eine Frau, ihren Beruf zu verlassen, ist normalerweise die Karenzzeit bei Schwangerschaft.

Aber das berühmte »Zimmer für sich allein« (nach dem ebenso bekannten Roman von Virginia Woolf) – im übertragenen Sinn von genug Raum, Geld und Freiheit – ist bei weitem nicht Teil jedes Frauenlebens. Das heißt, dieses Potential, die »Wilde Frau«, die – unabhängig von jedem Klischee, frei von jeder einengenden Bindung – Raum, Unabhängigkeit und ihre ganz persönliche Freiheit leben könnte, schlummert in uns.

Es gibt wenige Vorbilder für diese Figur, zumindest wenige Vorbilder in unserem unmittelbaren Alltag. Ja, wir kennen manche solcher Biographien als ferne Abenteuergeschichten aus Zeiten, die mit unserer nichts mehr zu tun haben – eine Ella Maillart und Annemarie Schwarzenbach, die in den frühen 30er-Jahren mit dem Auto bis Afghanistan fuhren, die amerikanische Pilotin Amelia Earhardt, die als erste Frau die Welt umflog oder die Deutsche Clärenore Stinnes, die als erste Frau die Welt mit dem Auto umrundete. Es waren alles reiche Erbinnen, die eine Abenteurerinnen- und Außenseiterinnenrolle leben und kultivieren konnten.

Aber was tut frau, wenn sie keine reiche Erbin ist und sich inmitten einer »Normalbiographie« am Beginn des Dritten Jahrtausends aus einem herkömmlichen Berufsalltag auf den Weg machen will?

Auch ich hatte kaum lebendige Beispiele um mich herum, höchstens vielleicht eine Freundin, die schon dreimal

(!) eine einjährige Auszeit gemacht hatte und mit sehr wenig Geld und auf abenteuerliche Weise Asien und Südamerika bereist hatte. Das imponierte mir natürlich und formte mein Bild der »Wilden Frau« – etwas einseitig – zu einer permanent Reisenden.

Ich genoss die Vorstellung, mich – vorerst natürlich wieder nur im Kopf – überall hin zu bewegen, wo es mir einfiel, alleine zu reisen, mich um niemanden kümmern zu müssen, Abenteuer zu erleben, Risiko zu wagen und in unbekannte Räume vorzudringen. Ich genoss es, mich wild und verwegen zu fühlen, ein Gefühl, das für viele Männer ganz selbstverständlich Teil ihres Lebens ist und wofür sie sich Platz schaffen, das Frauen aber wenig zugestanden wird und das sie sich erst erwerben müssen.

Sie werden mir widersprechen wollen – aber wie viele Fliegenfischerinnen, wie viele Höhlentaucherinnen, Weltumseglerinnen, Expeditionsleiterinnen, wie viele Schamaninnen, Hexen, Forscherinnen haben Sie in Ihrer Bekanntschaft? Diese Liste ließe sich noch fortsetzen. Füllen Sie sie mit Ihren Lieblingsrollen.

Die Hindernisse, dass Frauen all diese Möglichkeiten in ihr Leben integrieren, sind natürlich gesellschaftlich vorgeformt und liegen mittlerweile gut verankert und internalisiert in fast jeder von uns – in Form von Rollenklischees, Gewohnheit und vielleicht auch Furcht.

Viele Frauen sind es nicht gewohnt, alleine zu reisen – sie waren doch immer in Begleitung unterwegs! Manche haben Angst, sich alleine auf die Reise zu machen, denn gerade für Frauen drohen doch angeblich überall Gefahren und daher brauchen sie einen Beschützer! Manche halten sich für zu schwach, die Unwägbarkeiten und auch Strapazen des Allein-Reisens zu bewältigen – auch hier ist der starke Begleiter viel sicherer. Und manche Frauen meinen nicht die Mittel zu haben (und viele haben sie effektiv nicht), sich alleine auf den Weg zu machen, denn neben der Begleitung, dem Schutz und der Stärke kommt auch das Geld oft vom Partner.

All diese Hürden sind zu umschiffen, wenn eine berufstätige Frau, eine »Karrierefrau« mal aussteigen will und eine Sabbatzeit ins Auge fasst. Und das braucht so viel Hinsehen in die eigene Geschichte, Abwägen, Loslassen und Unterscheiden! Uns Freimachen von den vielen Bildern vom »Schwarzen Mann«, der »Gefährlichen Fremde«, der »Schwachen Frau«, dem Alleinsein und dem Ungeschütztsein ...

Auch für den »Wilden Mann« gilt einiges des zuvor Gesagten und für alle männlichen Leser, die eine Sabbatzeit ins Auge fassen, wird die Auseinandersetzung mit ihrem inneren Wilden Mann zum Thema werden. Männer haben ebenso wie Frauen in unserer westlichen Berufswelt, aber auch im privaten Bereich, fixe Rollenbilder zu erfüllen und sind üblicherweise äußerst eingeengt in vorgeformten Vorstellungen von Geldherbeischaffen, Familiengründung und -erhalt, beruflicher Karriere, sexuellem Erfolg, Beschaffung von Statussymbolen usw.

Auch der Wilde Mann ist einer, der sich emanzipieren, befreien und zu sich gehen muss. Die persönliche Unabhängigkeit, die Beschäftigung mit den eigenen Wünschen und Träumen, das Sich-lösen-Können von einengenden »Männer«-Bildern – auch wenn sie Macht bedeuten – ist ganz zentral und ein wichtiger Individuationsprozess. Wenn Sie in eine Auszeit gehen, in welcher der Druck jener äußeren Anforderungen abnehmen darf, aber auch das tägliche Wichtigsein, das Organisieren und im mehr oder weniger großen Rahmen Bestimmen und Entscheiden wegfällt, wenn es auf einmal ganz still wird und die Fragen nach Identität, Sinn und Freude auftauchen, ist die Zeit für den Wilden Mann und seine Suche gekommen.

Ich merkte jedenfalls an der Reaktion von Freundinnen und Kolleginnen, als ich ihnen von meinen ausgedehnten Reiseplänen erzählte, dass ich dabei war, Ungewöhnliches zu tun: nicht nur einmal hörte ich – »das würde ich mich nie trauen« oder »das wäre mir zu einsam«, »das wäre mir zu unbequem«, »das ist nichts für mich«, aber auch »toll«, »ich beneide dich«, »Sie tun das, was wir uns alle wünschen« ...

Mir fiel in meiner Planungsphase, in meiner »theoretischen Auszeit«, nichts von diesen Themen und Gefühlen auf, ich meinte sie gar nicht zu haben, denn eine »Wilde Frau« kennt so etwas nicht, aber die Praxis zeigte mir dann anderes.

Weggehen, um anzukommen

Noch mehr Vorbereitungen

Ich stand nun einige Monate vor dem Ausscheiden aus meiner Firma und zirka ein halbes Jahr vor der konkreten Abreise. Die Angelegenheit spitzte sich also zu. Trotzdem war ich innerlich sonderbar unbeteiligt, konnte noch nicht spüren, wie es sich denn wirklich anfühlt, wenn es soweit ist, wenn es jetzt ist. Ich war noch mitten in meiner gewohnten Welt und emotional lief der Alltag weiter.

Im Büro kam, nachdem ich meine Mitarbeiter informiert hatte, die Betriebsberatung lief und auch die neue Kollegin schon da war und sich gerade einarbeitete, die Vorbereitung meiner Kunden an die Reihe. Dies war für mich eine heikle und diffizile Aufgabe, die viel Fingerspitzengefühl verlangte – entsprechend bereitete sie mir einiges Kopfzerbrechen. Meine Firma vertrat zu dieser Zeit zirka sechzig Kunden, ungefähr die Hälfte davon waren kleine bis mittlere Unternehmen aus der englischsprachigen Welt, die eine solide Repräsentanz im deutschsprachigen Raum wünschten und gewohnt waren. Die andere Hälfte waren Einzelpersonen, deren kreatives Werk ich ebenso im deutschsprachigen Bereich zu vertreten hatte. Einen Verlust von Kunden konnte und wollte ich mir sowohl aus finanziellen Gründen wie aus solchen des Berufsrenommees nicht leisten. Jeder Einzelne hätte eine Gefährdung meines Betriebes in finanzieller und ideeller Hinsicht bedeuten können. Gerade in der Zeit meiner Abwesenheit musste das Unternehmen aber so abgesichert wie möglich mit seiner neuen Führung auf den Weg geschickt werden.

Ich konnte nicht abschätzen, wie meine Kunden reagieren würden. Die Optik, dass die Betriebsgründerin und -leiterin einfach für ein Dreivierteljahr freimacht – in den Augen der Kunden möglicherweise »sich aus dem Staub macht« – könnte ungünstig sein und negativ aufgefasst werden. Andererseits hatte ich zu fast allen Kunden über die Jahre hinweg ein persönliches, teils fast freundschaftliches Verhältnis aufgebaut und konnte daher vielleicht mit ihrem Verständnis und Vertrauen rechnen. Aber ich durfte es nicht voraussetzen.

Insofern wusste ich nicht, wie der Brief, den ich bald über den Atlantik und in Europa verschicken würde, aufgefasst würde – ich musste das Risiko auf mich nehmen, den Entscheidungsspielraum für meine Kunden offen zu lassen und eine eventuelle Trennung zu akzeptieren.

Ich schrieb also meinen Brief mit einem leichten inneren Zittern, beschrieb meinen Kunden die intensiven und genauen Vorbereitungen und erklärte ihnen meine persönlichen Beweggründe, inklusive aller Versicherungen, dass sie von der zeitlich limitierten Veränderung wenig spüren würden, weil die Arbeit in ihren üblichen Bahnen weiterhin verlässlich getan werden würde.

Und dann schickte ich mein Schreiben auf die Reise. Mit angehaltenem Atem wartete ich auf die Reaktionen, eine Woche, zwei Wochen ... und dann tröpfelten ein paar herein, wohlwollend, vertrauensvoll, unterstützend, beneidend. Einige Kunden äußerten sich gar nicht, da mein Brief entweder im Büroalltag untergegangen war oder sie dazu nichts sagen wollten, aber – und das war das Wichtigste für mich und macht mich bis heute noch stolz – ich erhielt keine einzige Kündigung, alle meine Kunden hielten mir die Stange.

Denselben Vorgang wiederholte ich innerhalb der Verlagsbranche im deutschsprachigen Raum meinen Käuferkunden gegenüber. Dies hatte mehr den Charakter eines Informationsschreibens, war aber dennoch sehr wichtig, da ich auch meinen vielen Kolleginnen und Kollegen, die immer wieder über meine Vermittlungstätigkeit kauften, beschreiben wollte, was ich vorhatte und dass ich neun Monate einfach nicht da sein würde. Hier war weniger Zittern dabei, aber doch ein neugieriges Gespanntsein, was sie denn alle sagen würden, die – so wie ich – in einem ähnlichen Bereich und Arbeitssituation ihre Jahre verbrachten.

Sie taten Ähnliches wie die Erstgenannten – ich erhielt teilweise wohlwollende bis enthusiastische Reaktionen, die mir zeigten, dass einige meiner KollegInnen sich offenbar seit geraumer Zeit mit dem Thema beschäftigten und den Traum einer Auszeit mit sich trugen. Die negativen oder skeptischen Stimmen, die sicher auch durch den Blätterwald meiner Branche rauschten, bekam ich nie zu hören, wohl aus Höflichkeit oder Distanz oder Unverständnis. Und bei vielen ist – wie ich die Schreibtische und die Überlastung meiner KollegInnen so kenne – mein Brief wahrscheinlich einfach untergegangen und sie haben dann vielleicht später oder nie realisiert, dass ich ein paar Monate nicht da war.

So – nun war es also draußen! Nach den inneren Entscheidungen und den internen Vorbereitungen im Betrieb war auch die externe Vorbereitung abgeschlossen und alle Welt wusste, dass ich allen Ernstes ein Dreivierteljahr verschwinden würde. Alles Weitere bis zu meinem Weggehen würden Bits und Pieces werden, genüssliche Vorboten meines Ausstiegs. Da würde noch einmal die große Frankfurter Buchmesse kommen und dann ein Abschiedsfest in meinen Büroräumen mit Freunden und Kunden ... ich wurde allmählich euphorisch. Meine Reisen, der reale Abschied lag ja auch noch weit genug weg in der Zukunft.

... und die Liebe?

Ich wandte mich wieder nach innen, zu einem Thema, das mir im Hintergrund fast noch mehr Kopfzerbrechen – oder besser Herzzerbrechen – bereitete als all die Berufsagenden: Meine Beziehung!

Dieser Bereich ist vielleicht der zentralste in der Planung einer Auszeit. Ohne hier genau hinzusehen, viel zu kommunizieren und zu klären, ohne das ganze Projekt miteinander in wirklicher Partnerschaftlichkeit und Liebe rund und stimmig zu machen, läuft gar nichts.

Ich war in einer absurden Situation, die 90 Prozent der Sabbatical-Willigen wahrscheinlich zum Daheimbleiben veranlassen würde: Ich hatte zirka ein halbes Jahr zuvor, als meine innere Entscheidung längst getroffen war und die ersten Planungen anliefen, meine große Liebe, meine Lebenspartnerschaft kennen gelernt. Nun stand ich da, mit einer jungen Beziehung mit all ihrer stürmischen Verliebtheit, die ohne Limits und in aller Ausdehnung gelebt werden wollte und langsam wuchs. Und mit meiner Sabbatzeit! Die mich wegreißen würde von meiner Liebe, was eine lange, in der Phantasie kaum aushaltbare Trennung bedeuten würde. Bei diesem Gedanken zog sich mein Inneres schmerzlich und auch ängstlich zusammen.

Nach vielen Jahren der unterschiedlichsten Beziehungserfahrungen, des Probierens, der vermeintlichen und echten Lieben, des Scheiterns, des Alleinseins und auch des Nicht-mehr-Suchens hatten mir die Götter einen Menschen zugeführt – unerwartet und daher mit ziemlichem Chaos verbunden –, mit dem ich leben und eine Liebe in all ihren Facetten erfahren wollte.

Aber ich hatte meine Auszeit schon längst geplant und ein erstes ganz zentrales Thema jeder Beziehung kam auf uns zu: das der persönlichen Freiheit.

Die persönliche Freiheit, die eigene Autonomie (bzw. die des anderen) und der Respekt davor ist für viele Paare ein Knackpunkt und die Kernthematik ihrer Beziehung, um die sich eine ganze Galerie von Konflikten scharen kann. Der Aspekt, dass in einer verbindlichen Beziehung ein Partner eine wichtige und auch vergnügliche Sache ohne den anderen tut, ist für viele Paare von vornherein undenkbar. Bei anderen ist es in der Theorie zwar Thema und sollte im Rahmen der eigenen Beziehungsansprüche an Toleranz absolut möglich sein, aber die Gefühle sprechen eine andere Sprache.

Diese kommen nämlich dann zur Sprache, wenn sich der Partner/die Partnerin in eigener Sache entfernt. Die Angst vor Verlust taucht auf, das Gefühl des Ungeliebtseins, wenn man in so wichtigen Dingen nicht mitkann, nicht mitgenommen wird. Das Gefühl der Wut, dass der Partner/die Partnerin seine/ihre Projekte durchzieht und nicht einfach verzichtet. Ein gefährlicher Cocktail von symbiotischen Erwartungen an die Partnerschaft kann sich zusammenbrauen und der so wichtige Aspekt für das Gelingen jeder Beziehung – nämlich der Respekt vor der grundsätzlichen Freiheit der geliebten Person – wird nicht geachtet oder wurde vielleicht auch nie erlernt.

Und nicht selten stehen eigene Unsicherheiten und Minderwertigkeitsgefühle dahinter – dass man es sich selbst doch nie trauen würde, Ansprüche an persönlichen Freiraum und Entscheidungsfreiheit zu stellen oder dass man sich selbst so viel Platz nicht zugesteht und noch nie genommen hat. Daher soll der/die andere das auch nicht tun. Diese stillen, oft kaum bewussten Beweggründe für enges, ängstliches Verhalten halte ich für sehr schädlich. Verzichten, sich in den eigenen wirklich wichtigen Themen zurücknehmen, sich anpassen und solches vom Partner fordern, nützt niemandem und befördert Enge, Ängstlichkeit und Misstrauen. Hingegen kann eine Beziehung von Platzgeben und Wachsenlassen, Großzügigkeit, Vertrauen und Selbstständigkeit sehr genährt werden.

Dennoch, eine so große Sache wie eine Auszeit innerhalb einer Partnerschaft zu planen, wenn klar ist, dass der Partner/die Partnerin nicht mitkann, weil berufliche oder private Verpflichtungen ihn/sie festhalten, ist wahrlich ein gewagtes Unterfangen. Es verlangt vom Daheimbleibenden ein so großes Maß an Respekt, Vertrauen und Toleranz, ein In-sich-Ruhen, ein eigenes, autonomes Leben, um den/die andere ziehen lassen zu können und sich vielleicht sogar ein

Stück zu freuen auf die Entwicklung und Erweiterung, die beide in einer Sabbatzeit auch in der Beziehung erleben werden. Aber das Herz ist immer schwer dabei.

Wir führten viele, viele Gespräche zu all dem vorher Genannten, und obwohl auch mir das Herz mehr als schwer wurde, war klar, dass ich auf mein Sabbatical und all seine Reisen nicht verzichten würde. Ich hatte lange vor unserer Begegnung diesen Entschluss gefasst und wollte ihn nicht mehr umstoßen. Wobei es zwischen uns keinen Konflikt oder Kampf um Autonomie und Respekt gab, sondern eher die gemeinsame Überzeugung, dass jene Eigenschaften so hohe Werte in einer Begegnung sind, dass wir sie nicht anrühren dürfen – sosehr wir beide in unserer Verliebtheit eigentlich nichts lieber als zusammengeblieben wären und mir meine Auszeit in dieser Hinsicht gar nicht recht war. Die Vorstellung, bald für Monate fort und getrennt zu sein, tat so weh, dass es ein Leichtes und sicher die bequemere Lösung gewesen wäre, alles bleiben zu lassen und selig im warmen Meer der Liebe zu schwimmen. Aber – ich wollte aus beruflichen Gründen unbedingt eine Sabbatzeit machen und aus privaten, emotionalen Gründen musste ich nun eine machen, auch um unseres Freiraums, unseres Respekts und unserer Liebe willen – so paradox das klingt.

Erstmals bekam ich ein mulmiges Gefühl dem Kommenden gegenüber, ich ahnte, dass in eine Auszeit gehen nicht nur einfach werden würde.

Letzte Vorkehrungen

Eines der wichtigsten Themen für baldige »Auszeitler« sind die Finanzen und zwar in mehrfacher Form. Da steht auf der einen Seite die Frage, wie die bestehenden Strukturen wie Wohnung, Versicherungen, Leasingraten oder Zeitungsabos ohne Harakiri am Laufen gehalten werden können, damit man nach dieser Zeit nicht in ein Vakuum zurückkehrt, und andererseits die fast noch größere Hürde, wie die täglichen Kosten während der Reise abgedeckt werden können.

Die Antworten darauf hängen sehr von den persönlichen Möglichkeiten jeder/s Einzelnen ab und diese formen die finanziellen Strategien für eine Sabbatzeit. Generell ist es günstig, für diese Zeit ein gewisses Polster anzusparen und zur Seite zu legen, je nachdem, ob Sie Ihr Sabbatical in bezahlten Bildungsurlaub verwandeln können – natürlich am besten – oder ob es Rückkehrgarantien in den Job oder vielleicht sogar Lohnfortzahlungsmodelle – wie in manchen Betrieben möglich – gibt (da wird über eine Zeit nur 80 Prozent des Lohns ausgezahlt). Es gibt aber auch Menschen, die ohne diese Sicherheiten fahren und während der Sabbatzeit sehr bescheiden leben, sich billige Länder aussuchen oder für kurze Zeiten oder gegen Kost und Quartier jobben. Meist wird aber die Variante des finanziellen Polsters die realistischste sein.

Für mich war das ähnlich, obwohl mein Fall als relativ abgesicherte mittelständische Selbstständige vielleicht nicht repräsentativ ist. Ich hatte angespart und konnte für diese begrenzte Zeit meines Sabbaticals unbesorgt unterwegs sein.

Wichtig für unerwartete Situationen oder den Notfall sind aber auch Versicherungen. Eine gute Reiseversicherung gegen Diebstahl, eventuelle Stornos und vor allem für eine gesundheitliche Versorgung vor Ort (in einer Reihe von Ländern, z.B. den USA, kann das sonst ziemlich teuer werden). Normalerweise bieten alle Kreditkartenfirmen mit der Karte Versicherungspakete an – sehen Sie, ob diese ausreichend sind. Sinnvoll mag auch eine Rückholversicherung im medizinischen Notfall sein, die aber auch meist mit der Kreditkarte angeboten wird.

(Für all diese Fragen gibt es ganz pragmatische Ratgeber im Sinne von »Wie organisiere ich meine Auszeit«. Ihr/e BuchhändlerIn hilft Ihnen weiter.)

Und vergessen Sie keinesfalls die gesundheitliche Vorsorge und lassen Sie sich – je nach Reiseland – impfen!

Aber auch die bestehenden Lebensstrukturen müssen, wenn auch auf Sparflamme, weiter bestehen. Abos kann man aussetzen, eventuelle Leasingraten werden nicht vom Tapet verschwinden, aber die Frage Ihrer Wohnung braucht wirklich Organisation. So auch bei mir.

Für eine relativ kurze Zeit ist es schwierig, eine Wohnung gut zu vermieten – Agenturen und die herkömmlichen Kunden geben sich mit einem so kurzen Zeitraum nicht zufrieden. Mir blieb daher nur die Überlegung, sie im Freundeskreis weiterzugeben oder Interessenten zu finden, die nur ein paar Monate in meiner Stadt waren und daher eine neunmonatige Vermietung akzeptierten. Wer könnte das sein? SprachstudentInnen? LangzeittouristInnen, KünstlerInnen, die nur für ein kurzes Engagement in der Stadt waren ...? Sie alle würde ich nicht kennen und mit ihnen einen völlig fremden Menschen in meine Räume holen, die ich aber so belassen wollte, wie sie waren, möbliert und mit all meinen persönlichen Sachen. Gar nicht einfach! Schließlich hatte ich Glück im privaten Rahmen und der Bruder einer Freundin wollte einmal ein paar Monate zur Probe alleine wohnen und die Unabhängigkeit von seiner Partnerin ausprobieren. Für uns beide ein ideales Arrangement – er wollte sich nichts Eigenes gestalten und ich suchte bewusst einen pragmatischen Kurzzeitmieter, für den ich nichts umgestalten musste. Ich war daher mit dieser überraschend einfachen Lösung sehr zufrieden.

Natürlich gibt es auch hier alle Varianten – man kann Makler beauftragen, Mitwohnzentralen einschalten, sich bei Sprachschulen erkundigen, deren StudentInnen immer etwas suchen oder im Freundeskreis auf Fischzug gehen. Die wichtigste Frage ist wahrscheinlich eine der Bequemlichkeit – muss man die eigene Wohnung ausräumen und alles in einem Keller lagern, den man in dieser Größe wahrscheinlich nicht zur Verfügung hat, oder gibt es Lösungen, sie fast unverändert lassen zu können, um mit einigermaßen Vertrauen und Sicherheit in seine Auszeit gehen zu können?

Bald darauf kamen zwei wichtige Ereignisse auf mich zu, die auch eine von außen deutlich sichtbare Zäsur für meine bald beginnende Auszeit, sozusagen zwei Abschiedsrituale darstellten – die zentrale Jahresmesse meiner Branche und ein Abschiedsfest mit Kunden und Freunden in meinem Büro. Nach all den Vorbereitungen waren sie ziemlich stressfrei für mich, sie gehörten eher zu den genüsslichen »Bits and Pieces«.

Ich reiste also entspannt wie nie auf das ehemals gefürchtete Megaevent, die Frankfurter Buchmesse. Ich absolvierte dort zwar im gewohnten stressigen Halbstundenrhythmus meine Termine, aber diese waren mehr getragen von Gesprächen und Philosophieren über Sabbatzeit als von intensivem Arbeiten und Anbieten. Und am Ende des Tages, auf den Empfängen und Cocktails, schallte es mir über die Tische und Menschen entgegen, dass die KollegInnen genau registriert hatten, was ich vorhatte und es offenbar ziemlich gut fanden. Ich fühlte mich ein bisschen wie die Queen der Szene und schien ein wenig die Vorreiterinnenrolle einzunehmen für die Auszeit- und Ausstiegswünsche so mancher. Um aber nicht unreflektiert und unbescheiden völlig im Hochgefühl zu baden, konzentrierte ich mich auf die Aufgabe, die ich immer noch innehatte, die einer Betriebsleiterin, welche die Interessen ihrer Kunden wahrnehmen will und zu vertreten hat.

Wieder zu Hause kam dann der offizielle Höhepunkt und Schlusspunkt meiner beruflichen Vorbereitungen – das Farewell in meinen Büroräumen.

Ich wollte meinen Kunden auch vor Ort zeigen, dass ich gut vorgeplant hatte, ihnen mein erweitertes Team und vergrößertes Büro präsentieren und ein schönes, genussvolles Fest als Schlusspunkt der langen, intensiven Vorbereitungen feiern. Es sollte eine offizielle »Hofübergabe« an mein Team und meinen Vertreter werden, zwei Wochen, bevor ich endgültig die Türe hinter mir zumachen und Sabbat haben würde.

Das Fest wurde rauschend, die Übergabe war offiziell vollzogen und ich stand knapp vor der Ausgangstür. Dort fing ich offenbar etwas zu zittern an, denn seit einigen Wochen hatte sich leise und machtvoll hinter den Kulissen das Thema Kontrolle und baldiger Kontrollverlust aufgebaut. Nun trat es zutage. Ich wollte in bester Absicht den Übergang und die Zeit danach noch besser, noch perfekter vorbereiten und ging dabei so sehr ins Detail, dass ich meine Mitarbeiter zu quälen anfing. Ich legte mit ihnen genaue Projektlisten fest, wann welche Arbeiten und Projekte initiiert und getan werden sollten. Genau aufgeteilt auf die drei verbleibenden Teammitglieder wollte ich ihre Aufgaben festschreiben, die Tätigkeit meines Betriebes bis ins Kleinste festlegen und absichern. Selbst in der Zeit meiner Abwesenheit sollte genau das passieren, was ich wollte – ein hilfloses Unterfangen gewissermaßen!

Aus den Reaktionen meiner Mitarbeiter konnte ich schnell merken, dass ich den Bogen überspannte und es offenbar um ein inneres Thema ging.

Der Schritt in eine Auszeit als Selbstständige/r bringt nämlich auch ein gewaltiges Maß an Kontrollverlust mit sich. Man will zwar für eine Zeit nicht mehr Chef/Chefin sein, aber es dann wirklich nicht mehr zu sein, ist eine ganz andere Sache. Man begibt sich bewusst und gerät emotional schmerzlich in die Bereiche der Unwichtigkeit, des Machtverlustes, des schwindenden Einflusses. Das Ego merkt gekränkt, dass andere nun das Sagen haben, dass eigene Vorstellungen nicht mehr unbedingt durchgesetzt werden, und wie schnell man »weg vom Fenster« ist. Selbst wenn das alles natürlich beabsichtigt und geplant ist, ist die emotionale Erfahrung schwierig. Sie zu machen ist eine gute Übung, die eigene Person, den Beruf und die Lebensziele etwas zu relativieren. Eine Auszeit gerät so zu einem Berufsausstieg auf Probe – Neuorientierung mit Sicherheitsnetz und Rückkehrgarantie – aber alle Themen inklusive.

Nun waren auch die letzten Tage im Büro vorbei, die letzten Kontroll- und Versicherungsversuche vor Ort (oh, mir fielen später aus weiter Ferne noch so allerlei Methoden ein) wurden wegen ihrer Hinfälligkeit abgebrochen und ich ging – bildlich gesprochen – durch die Ausgangstür und zog sie hinter mir zu. Es war Ende November, Weihnachten stand vor der Tür und in sechs Wochen würde ich diesen Kontinent verlassen, um so weit weg zu reisen, wie man nur irgendwie reisen kann, auf die andere Seite der Welt, nach Neuseeland.

Ich genoss diese letzten Wochen sehr, es war wie eine Galgenfrist, bevor es endgültig losging. Die tägliche völlig freie Zeiteinteilung, der nicht vorhandene Termindruck, das letztendliche Zurücklassen aller betrieblichen Verpflichtungen fühlten sich großartig an und ich feierte sie jeden Tag in unscheinbaren, kleinen Ritualen – Frühstück im Kaffeehaus, Zeit für Lesen – nicht nur Berufsunterlagen und -texte – privates, freiwilliges Lesen!! –, FreundInnen sehen, ins Dampfbad gehen ...

Meine eigentlichen Reisevorbereitungen waren zu diesem Zeitpunkt noch wenig gediehen – ich hatte gerade meine Flüge gebucht, ansonsten lag alles ungeplant und unorganisiert vor mir. Vielleicht sollte ich jetzt allmählich ein bisschen konkreter werden! Ich begann also im Internet auf Quartiersuche zu gehen. Allein aus der Flugroute war klar, dass ich nach Stopover in Singapur in Auckland ankommen würde, reichlich konfus und im Jetlag, daher brauchte ich für die ersten Tage ein solides Quartier. Im Internet fand ich ein kleines Cottage inmitten eines Gartens, in einem der besseren Bezirke Aucklands. Die Quartiergeber, eine private Familie, warben auch mit ihrer Offenheit für alleinreisende Frauen – da konnte doch nicht viel schief gehen!

Und da ich mir einbildete, nicht 23 Stunden am Stück fliegen zu können, plante ich einen zweitägigen Aufenthalt als Zwischenstop ein – Singapur, zu jeder Jahreszeit tropisch heiß, 32-38 Grad verhieß die Tageszeitung –, auch das konnte bei europäischen Dezembertemperaturen nicht schaden.

Ansonsten ließ ich, da ich keine Frau bin, die im privaten Bereich alles bis ins kleinste Detail durchplant, meine Reise weitgehend auf mich zukommen. Ich wusste die erste große Etappe – Neuseeland und Australien. Ich hatte ein erstes Quartier, alles andere würde vor Ort auf mich zukommen und müsste dann spontan entschieden werden. Meine Vorbereitungen führten mich nur noch in den Outdoorshop und in die Apotheke – das war es.

Da auch dies bald abgeschlossen war, hatte ich auf einmal viel Platz zum Denken und Nachspüren und in meinem Hals wurde es enger und enger. Einerseits fühlte ich mich im wahrsten Sinne des Wortes riesig, abenteuerlich und in Hochstimmung angesichts dessen, was ich da bald unternehmen würde. Andererseits meldeten sich mehr und mehr Ängste, Zweifel und ein fast kindliches »Lieber-Nicht«. Ich war so deutlich wie nie zuvor mit dem Thema Angst und Überwindung von Angst – mit Mut – konfrontiert.

Mut

Für mich ganz persönlich war die größte Hürde neben dem Zurücklassen lieber Menschen meine Flugangst. Seit vielen Jahren begleitete mich dieser lästige und äußerst hinderliche Schatten nun schon auf meinen Reisen. Eine Zeit lang war er sogar so stark geworden, dass ich einige Jahre in kein Flugzeug einstieg und meine Reisen per Bahn und Schiff (!) zurücklegte, bis mich eine kuriose Schiffspanne zum Fliegen zwang. Seit damals versuchte ich den Drachen zu zähmen, mit zunehmendem Erfolg, aber einen Flug von insgesamt 23 Stunden hatte ich noch nie absolviert. Es gruselte mir also schon gehörig, gleichzeitig würde diese Reise, die weiter gar nicht mehr gehen konnte und mich genau ans andere Ende der Welt führen würde, der endgültige Beweis für die Besiegung meiner Ängste sein. Und auch hier sind es wieder die vielleicht kleinsten, persönlichsten und kuriosesten »Haken«, die am meisten Auseinandersetzung und Überwindung kosten – und, wenn sie bestanden werden, auch das größte Wachstum bedeuten. Nicht das zeitweilige Loslassen meines Berufs, die ganze Umorganisation meines Unternehmens oder das monatelange Alleinreisen verlangte mir Mut ab – nein, eine für die allermeisten Menschen so lächerliche Sache wie fliegen war es und wurde meine große Probe.

Ich glaube, wir alle haben solch eine Achillesferse, diese oft kaum sichtbaren Themen, die uns jahrelang beschäftigen und fordern und die sich nur mit Courage, Zähnezusammenbeißen, Disziplin oder einfach »Think-Pink« überwinden lassen.

In einer Sabbatzeit, einer Ausnahms- und Grenzsituation des Lebens, wo man meist nicht im sicheren Netz des Alltags und der Bequemlichkeit herumschiffen kann, zeigen sich diese wunden Punkte deutlich. Und ihr Gegenmittel ist – Mut!

Mut ist eine wunderbare Sache, ein überaus lohnendes Mittel gegen die Fußangeln, die einen durchs Leben begleiten. Und Mut ist am Ende immer mit Stolz gepaart, den man verdienterweise empfinden kann, wenn man wieder einmal vor dem sprichwörtlichen kalten Wasser stand und die Augen zusammenkniff und einfach sprang.

Wenn Sie eine Sabbatzeit planen, wird es sicherlich auch für Sie einige Themen geben, die Ihnen Mut abverlangen.

Vielleicht nicht so lächerliche wie Flugangst, vielleicht noch viel lächerlichere. Es könnten finanzielle Ängste, Angst vor Verlust, vor dem Fremden, vor Alleinsein sein – diese haben Realitätsbezug und jeder wird sie ernsthaft anerkennen. Aber es können auch ganz irrationale sein – Bakterien, Spinnen, Sonnenbrand oder der Schwarze Mann. Mit diesen unangenehmen Bildern, denn was sind Ängste anderes als negative Projektionen in die Zukunft, muss man sich auseinandersetzen. Wenn Sie diese Hürden überwinden, ist es Ihre persönliche kleine Heldentat und Sie können stolz sein, dass Sie sich der Thematik überhaupt aussetzten. Der Erfolg im Sinne des Schwindens der Ängste, des entspannter und sicherer Werdens ist Ihnen sicher.

Ich war noch keineswegs entspannt – ganz im Gegenteil. Der Tag X rückte näher und es ging allmählich ans Abschiednehmen. Die Vorstellung, liebe Menschen aus der Familie und aus dem Freundeskreis für eine Weile zurückzulassen, fiel mir nicht leicht. Ein bisschen Sorge um meine betagte Mutter kam dazu – die ersten Abschiede im »Outer Circle« waren daher ziemlich sentimental. Ich erhielt eine Reihe von liebevollen, originellen und für die Reise sehr brauchbaren Geschenken und viele gute Wünsche und Ratschläge. Dann brach die letzte Woche an. Es wurde eine der schrecklichsten Wochen meines Lebens.

Selten habe ich so viele sonderbare, offenbar psychosomatische Zustände, Halb-Krankheiten und Wehwehchen gehabt. Ich schlief schlecht, weinte oft und fürchtete mich eigentlich nur noch. Wo waren meine ganze Freude und Euphorie hingegangen? Vier Tage vor meiner Abreise beschloss ich, nicht zu fahren. Ich spielte mit dem Gedanken, alles sausen zu lassen. Warum zum Teufel muss frau ein so forderndes abenteuerliches Sabbatical machen, sich so anstrengen, sich so fürchten? Ich könnte doch einfach alles locker nehmen, in die österreichischen Berge fahren und die Seele baumeln lassen – wie verlockend! Doch da bekam ich einen sanften Tritt von meiner Beziehung: »Du fährst! Ich habe mir das nicht all die Monate angetan, und jetzt war es für nichts!«, hörte ich da. Nun gut, ich musste fahren, ich würde fahren. Die mir eigene Pragmatik in seelisch engen Situationen kam mir endlich zu Hilfe.

Drei Tage vor der Abreise war alles wieder halbwegs im Gleichgewicht und ich begann, mit Zweckoptimismus zu packen. Ein Trekkingrucksack und ein mittlerer Koffer mussten reichen, die wichtigsten Sommersachen – denn ich fuhr in den Hochsommer der Südhalbkugel –, Reiseapotheke, Tagebuch, Bücher, Fotoapparat und ein paar kleine Talismane, Seelentröster für schwierige Situationen, und mein Mobiltelefon mit Tribandfunktion, damit ich mich aus jedem Winkel der Welt melden und viele, viele SMS verschicken konnte.

Über die Schwelle

Dann noch ein luxuriöses Abschiedsessen, und der letzte Tag brach an. Eisiges, windiges Wetter begleitete mich durch die letzten Stunden und auf der Fahrt zum Flughafen und vermochte meine gedrückte Stimmung nicht zu heben. Die letzten Wochen waren nicht einfach gewesen, ich war eigentlich müde und von meinen Ängsten ausgelaugt. Gleichzeitig wusste ich, wenn ich diese Hürde, den Beginn dieser Reise, die etwas ganz, ganz Großes für mich war, überspringe, wird sich die vor mir liegende Zeit wie ein bunter Teppich ausbreiten, den ich mit Neugierde beschreiten werde.

Der eigentliche und allerletzte Abschied war regelrecht herzzerreißend. Dann durchschritt ich die Kontrollen, fühlte mich wie in einem Übergangsritual, einer Initiation, in der man über die Schwelle der schlimmsten Ängste in einen neuen Raum tritt – und betrat ganz banal vorerst nur die riesige Boeing 474, die mich nach Fernost bringen würde. In stillen Momenten nach solchen für mich schwierigen Ereignissen denke ich dann immer, innerlich kopfschüttelnd, »What a waste!«, was für ein unnötiger Aufwand an Kräften, an Gefühlen für so etwas Unbesonderes, was für eine Verschwendung von Energien! Aber zu diesem Zeitpunkt konnte ich noch nicht anders, ich hatte noch zu üben, meine Lektionen, langsam zu mehr Leichtigkeit zu kommen, zu lernen. Im Bauch des großen Metallvogels konnte ich gleich damit anfangen.

Zum Ruhigwerden, zum Leiserwerden der Ängste praktizierte ich, was für spirituelle Traditionen tägliche Praxis ist und was für alle Sabbatreisenden (und nicht nur für sie) eine wunderbare Hilfe in jeder emotional schwierigen Situation sein kann. Eine Atemmeditation, mit der die dunklen, hinderlichen Gefühle losgelassen werden und abfließen können. Und eine Lichtmeditation, mit der über den Atem Licht hereingeholt wird, mit dem man sich auflädt und hell und ruhig macht.

Ich saß an meinem Fenster, mit Blick auf die nasse, dunkle Flughafenlandschaft, die in aller Welt gleich aussieht und hüllte mich ein, hüllte den Flieger ein, schob in Gedanken die Wolken herum und holte mir die guten Geister herbei. Jeder kritische Psychologe würde zumindest konstatieren »magisches Denken«, aber egal, mir half's. Kurz darauf stiegen wir nach dem ekstatischen Moment des äußersten Schubs der Flugzeugturbinen in den Himmel.

Elf Stunden später landete ich sicher im tropisch heißen Singapur, wo ich zwei Tage hauptsächlich in klimatisierten Einkaufszentren oder am Stadtrand in einem Orchideengarten verbrachte. Dann ging es schon wieder weiter, 12 Stunden noch Richtung Südosten. Meine Flugangst hatte sich gelegt und ich saß schlaflos am Fenster, als wir im Morgengrauen die Südküste von Australien überflogen. Das Lichtgitter von Adelaide tief unter mir machte mich zum ersten Mal auf dieser Reise positiv aufgeregt und begeistert. Als nach weiteren vier Stunden Flug übers Meer hinter breiten Wolkenbänken, wie als letzter Vorposten unserer Welt, die Bergketten der Südinsel Neuseelands auftauchten, wurde ich euphorisch. Ich hatte es geschafft. Nach großen äußeren und inneren Schritten war ich dabei, in einer ganz neuen Welt zu landen. Ihre Schönheiten und Abenteuer erwarteten mich.

On the Road

Neue Welt und weiße Punkte

Das Flugzeug neigte sich in die letzten Kurven und ich blickte staunend, mit vor Müdigkeit brennenden Augen auf die Landschaft, die unter mir auftauchte. Üppig grün, mit vielen Weideflächen und den ersten erkennbaren weißen Pünktchen (Schafe!) zog die Insellandschaft des Golfs von Auckland, des Hauraki Golfs, vorbei. Alle vulkanischen Ursprungs, erhoben sich die Kegel, eine Caldera nach der anderen, aus dem Meer. Auf einer Landenge dann die Hauptstadt, die sich weit in die umliegenden Hügel ausbreitet und dann endlich das Rollfeld, der Ruck des Aufsetzens, der scharfe Widerstand des Bremsens. Ich war da, 16 000 km weit weg von allem, was ich kannte.

Erschöpft und wie ferngesteuert passierte ich die Kontrollen, freundliche Beagle-Hündinnen suchten in meiner Tasche nach Bananen, eifrige Landwirtschaftskommissare reinigten meine Schuhe von den letzten europäischen Erdresten und wollten genau sehen, dass mein Rucksack wirklich keine Verunreinigungen enthielt, welche die empfindliche Flora und Fauna Neuseelands stören könnten.

Und dann trat ich aus dem Flughafengebäude. Was mir als Erstes auffiel, war das helle scharfe Licht der südlichsten Hemisphäre, ein Licht, gegen das ich bald eine Sonnencreme mit Schutzfaktor 30 aufgedrängt kriegen sollte, das mich aber – trotz seiner potentiellen Gefährlichkeit – mit seinem besonderen Leuchten fast täglich erfreute.

Meine Quartiergeber in Ponsonby, einem der zwei »besseren« Bezirke von Auckland, wo »was los ist«, stellten sich als freundliches älteres Ehepaar heraus, die ein kleines, hübsches verschnörkeltes Holzhaus aus den 20er-Jahren bewohnten, das mich, mitsamt seiner Nachbarschaft, eher an San Francisco erinnerte. Innen adrett, historistisch, bisschen Plüsch, einige Rüschen, Dauerfernsehen. Dahinter ein kleiner, liebevoll gepflegter Garten und das winzige Gästecottage, das für die ersten Tage mein Quartier sein würde.

Über das Thema Jetlag brauchen wir hier nicht zu sprechen, es ist allen bekannt, es ist unangenehm, macht einen dumpfen Kopf und ist nach zwei, drei Tagen vorbei. Was mich allerdings bald viel mehr beschäftigte und schnell in Panik versetzte, war die Schlaflosigkeit. Zeit- und Klimaumstellung und die zurückgelegte ungeheure Distanz ließen mich nicht zur Ruhe kommen, meine Seele war offenbar noch nicht angekommen. Die nächsten Nächte begannen erst um halb sechs in der Früh und ließen mir drei, vier Stunden Schlaf und viel Zeit für düstere Gedanken. In den dämmrigen Morgenstunden, als die Vögel gerade zu singen begannen, fühlte ich mich paradoxerweise gefangen am Ende der Welt, mit Phantasien des Nicht-mehr-weg-Könnens und der Schutzlosigkeit.

Diese Themen sind für abenteuerlustige Alleinreisende nicht ungewöhnlich, denn immer wieder kann man durch widrige Umstände, Unerwartetes oder seelische Prozesse in die Enge kommen. Man wird über eine innere Grenze gedrückt und verlässt die eigene »Komfortzone«, den gewohnten und sicheren Bereich. Die persönliche Risikozone beginnt, und wo die jeweils beginnt, ist sehr individuell. Bei mir war es die Schlaflosigkeit, die mich in innerlich riskante Gefilde führte. Dieses Umgehen mit Unangenehmem, das Manövrieren in der Risikozone, ist tägliches Brot für Menschen auf Allein- oder Abenteuerreisen. Sich hier zunehmend entspannt zu bewegen ist der Lernprozess, der die persönlichen Grenzen ausweitet. Und ein wirksames Rezept für mich, die ich in den kommenden Wochen immer wieder mit diesem Thema konfrontiert sein würde, war Aktivität, Nach-außen-Gehen und Kommunikation mit neuen Menschen.

Ich machte mich also unausgeschlafen, tapfer und letztlich neugierig und positiv gestimmt auf den Weg, um die Gegend zu erkunden.

Auckland als Hauptstadt mit einer EinwohnerInnenzahl, die einer Großstadt würdig ist, hätte mir sicher viel zu bieten. Aber Auckland ist keine Großstadt, sondern ein weit entfernter, gemütlicher und teils pittoresker Teil des British Empire. Ein paar Straßen längs und quer bilden das Zentrum. Die üblichen modernen Bank- und Bürohochhäuser sollen Weltstadtflair ergeben, dann ein paar Shoppingcenter und Kinokomplexe – Megaplex ist glaube ich das Werbewort für die Popcorn- und Burgertempel mit Filmauswahl. Dann einige nette Restaurants, viele Internetcafes, die vor allem von Japanern aufgesucht werden und schöne kleine Museen. Zwei, drei Straßen, »wo was los ist«, mit diversen, zum Teil witzigen Geschäften, die der Europäerin traute Urbanität, vertraute Marken und Sättigung der Shoppinglaune vermitteln. Ansonsten hübsche, historistische Holzhäuser, ein bisschen was Modernes, ein paar Häuser im amerikanischen Stil der 40er und 50er und dann viel Suburb mit ihrer Einfamilienideologie (eine Einfahrt, eine Garage, ein Garten, ein Zaun, eine Einfahrt, eine Garage ...) und dem missglückten Wunsch nach Individualität, weil alle Häuser gleich aussehen und der einstige Blick ins Grüne längst zugebaut ist.

Das Einzige, was in Auckland wirklich internationales Flair und höchsten Standard hat, ist der Yachthafen. Neuseeland ist ein segelbesessenes Land und besitzt eine der weltbesten Crews für Hochseetörns. Gerade in diesen Tagen begannen die Vorbereitungen für eine der im Segelsport wichtigsten Hochseeregatten. Der Hafen vibrierte vor Aktivitäten, internationale Crews mit ihren hoch getrimmten Booten wurden von Journalisten bedrängt. Segelbegeisterte aus aller Welt hatten die Hotels ausgebucht. Ich mischte mich darunter, staunend das für mich fremde Flair einsaugend, aber allein.

Eine fröhliche, dicke Busfahrerin, die ich auf einer meiner Stadtrundfahrten traf und mit der ich mich anfreundete, wurde mein erster näherer Kontakt in der neuen Welt. Sie lud mich ein, sie mit Freunden in *das* Event des Neuseeländischen Sommers, ein großes Freiluftkonzert in einem öffentlichen Park, zu begleiten. Unter Tausenden fröhlichen, picknickenden, tanzenden Menschen genoss ich den hereinbrechenden Abend und die schrägste Musikmischung, die ich je gehört hatte. Klassisch-symphonische Klänge, Abba-Remixes und Maori-Klänge, begleitet von Feuerwerken, Leuchtstäben und als Kulisse dahingleitende Schiffe, schufen eine unvergessliche Szenerie. Auckland hatte mich gut empfangen, ich war angekommen.

Am nächsten Tag machten wir einen Ausflug auf eine der Stadt vorgelagerte vulkanische Insel, auch hier, um bei einer lokalen Attraktion dabei zu sein. Wieder begegnete mir die Mischung aus genüsslich und skurril. Auf einem langen Sandstrand hatten sich vor einer Zuschauerkette, die ihre Campingtischchen und Grills in Position gebracht hatte, die örtlichen Männer für diverse Wettkämpfe versammelt. Die ländlichen Typen, sicher waren auch ein paar »echte« Bauern darunter, waren mit ihren Traktoren gekommen, und lieferten sich strandauf, strandab wilde Rennen. Mit vierzig Stundenkilometern preschten getunte Modelle in Rosa oder Racinggelb neben alten Rostkisten den Strand entlang. Dahinter, in der bewegten Kulisse des Meeres, lieferte sich die zeitgeistige Fraktion auf Jetbooten im Höllentempo ihre Kämpfe. Am Zuschauerstrand unterhielten sich Damen, gekleidet im englischen Landhausstil, Ponyreiterinnen, BetreiberInnen von Bio-Snack-Buden und Herr und Frau Jedermann in kurzen Nylonsporthosen. Ich fragte mich allmählich, ob die Neuseeländer wirklich so sind – freundlich, überzeugt, im schönsten Land der Welt zu leben und ein bisschen special?

Organisation ist alles

Nach diesem schließlich doch geglückten Einstieg in mein Sabbatical ging es ans konkrete Organisieren: Ich überlegte mir, welches Fortbewegungsmittel am besten geeignet wäre, mich möglichst weit durchs und ins Land zu bringen. Per Zug zu reisen erschien mir wenig sinnvoll, weil nur die

Hauptrouten zwischen den großen Städten befahren werden. Busse wären eine bessere Alternative, weil ein dichtes Netz von komfortablen Touristenbussen und billigen Backpackerbussen bis in den hintersten Winkel des Landes verkehren. Trotzdem wird man dort an einem markanten Punkt, einer Straßenecke, einem Hauptplatz, einem Strand herausgelassen und dort steht man dann erst einmal. Jede weitere Fortbewegung, die Quartiersuche, jede Wanderung, das Essengehen oder Wäschewaschen müsste man irgendwie anders organisieren bzw. zu Fuß gehen – bei den manchmal großen Distanzen zu den eigentlich geplanten Zielen eher ungünstig.

Ich entschied mich also, für die nächsten Wochen ein Auto zu mieten, da es mir die meiste Bewegungsfreiheit und Unabhängigkeit geben würde. Im Stadtzentrum hatte ich eine Menge von Foldern und Flugblättern der Mietautoanbieter gesammelt und nun begann ich, die Billigsten anzurufen. 15 $ pro Tag waren das absolute Minimum, man wusste ungefähr, was man dafür erwarten konnte – nämlich klein und alt – und ich griff zu.

Heraus kam ein winziges 15 Jahre altes Gefährt, mattgrau, eine japanische Marke mit 180 000 km auf dem Tacho. Ich versuchte noch, durch einen Blick unter die Motorhaube und den Unterboden eventuelle Katastrophen vorauszusehen, was bei meiner Ahnungslosigkeit bezüglich Autotechnik hoffnungslos war. Dann fuhr ich begleitet von den guten Wünschen des arabischstämmigen Chefvermieters von den Fijdschiinseln und meinen eigenen inständigen Wünschen für eine lange Haltbarkeit meines Vehikels los. Gepäck abgeholt, Straßenkarten aufgeschlagen – dann wählte ich meinen Weg nach Nordwesten an die Küste, von wo aus ich die gesamte Nordinsel umrunden und durchkreuzen würde.

Die nächsten Tage brachten mich in weite, gleichförmige Landstriche, die mich eher an Irland erinnerten. Sanftes, welliges Land mit riesigen Weideflächen, dazwischen vereinzelt Bäume, Hecken zur Begrenzung und mitten im Grün der Reichtum Neuseelands, einige hundert der zirka zehn Millionen Schafe und dazu noch jede Menge hübsches braunes Rindvieh – Neuseeland ist eindeutig ein agrikulturelles Land! Die Straße mäanderte sanft die Hügel entlang und berührte manchmal das Meer. Dies gehörte immer zu den schönsten Momenten meiner Fahrten, weil sich – an meist zerklüfteten Stränden – spektakuläre Buchten öffneten, an denen sich, im hellen südlichen Licht schimmernd, der hohe Wellengang der tasmanischen See brach. Eine der berühmtesten Buchten diese Landesteils ist Kare Kare Beach, für Cineasten aus dem Film *Das Piano* von Jane Campion ein Begriff.

Ich wollte natürlich hin. Kare Kare ist ein Symbol für ein verschwindendes Neuseeland, vielleicht für eine verschwindende Welt. Zunächst führte der Weg durch die beschriebenen Schaf- und Kuhweiden, durch die gezähmte Landschaft der industriellen Landwirtschaft und traf dann auf den schmalen Streifen eines Schutzgebiets von dichtem subtropischen Urwald. Die Bucht selber ist völlig unberührt, von hohen Felstürmen umrahmt, mit Lilien und wilden Gräsern am Strand, ungestört von menschlichem Wirtschaften, Bauen und der Tourismusindustrie. Hier begegnete mir im Kleinen zum ersten Mal das Phänomen einer Landschaft zwischen Industrie und Museum, ein Thema, das in den nächsten Wochen und Monaten häufig auftauchen würde und meines Erachtens beispielhaft ist für globale Vorgänge. Ich werde darauf zurückkommen.

Am Ende dieser Tage machte ich jeweils Halt in einem der Städtchen am Weg – meist Orte von abenteuerlicher Bedeutungslosigkeit, gebaut in einer Art modernisiertem Amerika des mittleren Westens. Es gibt die berühmte Hauptstraße, meist mit einem Pub, der Saloon hat sich in ein Burgerlokal oder einen Fast Food Chinesen gewandelt, und Zentrum des Ortes ist überall die alles dominierende Shopping Mall. So klein kann das Örtchen gar nicht sein, aber ohne Shopping Mall spielt sich gar nichts ab. Leider nach 18 Uhr auch sonst nichts. Wenn ich nach einem langen Sommertag in der Dämmerung in den Ort kam, gab es förmlich nichts mehr außer Fast Food oder meiner eigenen Jause vom Tag. Die Quartiere in diesem eher abgelegenen Landesteil, wo der Tourismus nicht hinkam, waren lustig bis abenteuerlich: Ich wohnte in schönen historistischen Holzhäusern, die 1920 das »Haus am Platz« waren, nun aber vom Zahn der Zeit kräftig angenagt, eher das erweiterte Wohnzimmer der Inhaber darstellten: Bierkisten am Gang, 40er-Jahre-Flair in den Zimmern und die kranke Oma vor dem Fernseher im Gäste-Aufenthaltsraum. Ich wohnte in uralten Motels, von Generationen von Rauchern zu ihrem charakteristischen Geruch gebracht, die heute wegen ihres Retro-Sixties-Stils schon wieder schick wären, und manchmal auch in den kühlen hässlichen Betonplattenbauten, die überall auf der Welt gleich aussehen, ob sie nun Super 8, Best Western oder Motor Lodge heißen.

Ungeahnt und schnell türmten sich zwei riesige Themen vor mir auf, die ganz zentral auf dieser Reise werden sollten: das eine spannte sich von »Tägliche Organisation« zu »Sabbaticalleistung«, das andere von »Alleinreisen« zu »Einsamkeit«.

Tägliche Organisation ist das A und O jeder/s Alleinreisenden und kann manchmal ziemlich zeitaufwändig und nervig werden. Gerade wenn frau/man ein Land genau erkunden will und auch in die wenig bekannten Ecken vordringen möchte, ist viel Beweglichkeit und oftmaliger, teils täglicher Ortswechsel nötig. Das heißt, es braucht jeden Abend einen neuen Schlafplatz, jeden Tag zwei bis dreimal Essen, einmal in der Woche Wäschewaschen, Verbindungen von Ort zu Ort – und in meinem Fall hieß das, da ich mit dem Auto unterwegs war, regelmäßige Tankstellen, um diese Verbindungen auch zu schaffen. Das ist selbst in einem sehr europäischen, durchstrukturierten Land wie Neuseeland nicht selbstverständlich. Nicht jeder Ort hat Quartiere und nicht überall ist eine Tankstelle oder eine Wäscherei zu finden. Daher musste ich am Anfang jeden Abend Landkarten und Reiseführer studieren und ein Etappenziel auswählen, das zustande kam aus einer Mischung meiner Neugierde und Tipps aus dem Touristguide – was sich oft nicht deckte. Am nächsten Tag dann los, »out in the blue«, was eigentlich sehr schön und reizvoll ist, weil man nie wirklich weiß, was einem begegnet und man sich staunend wie ein Kind eine neue Welt aneignen kann.

Ich verhielt mich dabei nach dem Grundsatz »so wenig Planung wie möglich« und überließ fast alles dem Zufall. Dennoch hatte ich mich mit meiner automobilen Reiseform und vielleicht auch mit meinen Wünschen nach einer minimalen Bequemlichkeit festgelegt. Ich war keine Backpackerin mit Schlafsack, die sich – mit genügend Mut – hinter jedem Busch niederlegen könnte, das heißt, ich war auf Quartiere mit Bett angewiesen. Außerdem hatte ich kein Kochgeschirr mit und musste daher meistens einmal am Tag in irgendeine Form von Restaurant gehen. Immer kalte Jause auf der Wiese wird auf die Dauer langweilig und auch ein bisschen ungesund.

So flitzte ich die ersten Tage durch die Gegend, von einem Punkt zum nächsten, sah viel Gegend und doch nichts genauer. Ich saß viel im Auto und spulte Hunderte Kilometer herunter, sah jeden Abend ein mehr oder weniger angenehmes Quartier und saß viel in wechselnden Örtchen und wechselnden Kneipen. Allmählich beschlich mich ein Gefühl der Leere und der Eindruck, als würde ich vor potemkinschen Dörfern entlang fahren, ohne wirklich etwas zu sehen oder mehr in die Tiefe des Erlebens eintauchen zu können. Es war bald klar, dass ich an meiner Reiseart etwas umstellen müsste. Ich beschloss, nun eine andere Technik anzuwenden. Ich wollte einen angenehmen Ort in der Nähe von mehreren interessanten Punkten suchen, um dort eine Weile zu bleiben und auszuschwärmen.

Ich umrundete also in den nächsten Tagen die nördlichste Spitze der Nordinsel und ließ mich in einer kleinen Stadt an der Ostküste nieder, die in den Touristenführern wegen ihrer schönen Lage an der Bay of Islands, ihren Meeres-Naturreservaten und ihrer Lebendigkeit empfohlen wurde. Ich verbrachte ein paar Tage in einer schönen, ziemlich teuren Lodge bei einem netten deutschen Ehepaar und wollte mir in aller Ruhe und im Detail die Gegend ansehen. Diese veränderte Art entsprach mir sehr und ich würde sie in den nächsten Wochen beibehalten.

Die Sabbaticalleistung

Und wieder begann ich emsig zu planen. Meine freien Tage, meine kostbare Sabbatzeit bekam eine Durchstrukturiertheit und ein Tempo, das mich atemlos machte und nie zur Ruhe kommen ließ. Aus irgendeinem Grund, der mir vorerst nicht klar war, schaffte ich es nicht, einfach Ruhe zu geben, inne zu halten und ohne jede Planung einige Tage im Liegestuhl oder am Strand zu verbringen, in die Wolken zu schauen und nichts zu tun – ich ertrug es einfach nicht! Heute nenne ich das ironisch die »Sabbaticalleistung«.

Ganz offensichtlich hatte ich ein tief eingegrabenes Verhaltensmuster einfach 16 000 km durch die Welt hierher transferiert. Es ist das Muster der Leistungsgesellschaft, die ruhelos ihre Bestätigung und ein Sinngefühl im dauernden Tun sucht. Nach dem Motto: Wenn ich schon einmal so viel freie Zeit haben darf, wenn ich mir herausnehme, im Gegensatz zu all den arbeitenden, nützlichen Menschen, nicht zu arbeiten, dann muss in dieser freien Zeit etwas Nützliches passieren. Es ist eine schreckliche, quälende Ideologie, die allen Dingen einen Sinn und eine Verwertbarkeit abpressen will, die auch präsentierbar sein muss.

Sozusagen ein Sabbatical mit herzeigbaren Resultaten, erzählbaren Ereignissen und verwendbaren Ergebnissen. Die Leistungsorientiertheit des Berufslebens wird einfach übertragen und wird – sehr böse gesagt – »Ferienkapitalismus«.

Mit dieser Ideologie im Halbbewussten jagte ich mich durch die Landschaft, auf der Suche nach Erlebnis. Jeden Tag etwas vorhaben, jeden Tag an seinem Ende sagen können – ich habe etwas getan. Und ich/wir tun das, um nicht fühlen zu müssen, was passiert, wenn nichts passiert. Wenn es wirklich still wird. Unser Horror Vacui, die Angst vor der Leere, den Gefühlen und Fragen und vielleicht auch dem Schönen, die aus ihr auftauchen, ist so groß, dass wir alles tun, das nicht entstehen zu lassen.

Eine Zeitlang zumindest, denn in einer Sabbatzeit kommt man dem letztlich nicht aus. Irgendwann erreicht man den Punkt und den richtigen Ort, um loszulassen und die Stille und das Nichtstun geschehen zu lassen.

Aber diesen Ort hatte ich hier in Neuseeland noch nicht gefunden – das war ein weiterer Grund für meine Rastlosigkeit. Ich suchte ihn eigentlich beständig. Ich kannte das wunderbare Gefühl, in der Stille und dem Nichtgeschehen ganz in die Weite, in die großen Räume des eigenen Potentials zu gelangen. Ich erlebe dieses Gefühl immer in unbeschädigter Natur und um diese zu finden, war ich ans Ende der Welt gefahren. Es war also nicht nur der Horror Vacui, der mich so umtrieb.

Ich sehnte mich nach weiten, unkontrollierten und unbeschädigten Räumen in der Landschaft, die, sich selbst überlassen, ohne wirtschaftlichen Nutzen und monetären Zweck, ein Eigenleben entwickeln; die auf die Weise ein autonomes System der Vielfalt und Lebendigkeit bilden können, in dem wir Unerwartetes, Überraschung, Schönheit und auch Risiko, Achtsamkeit und Respekt erleben können. Genau diese Räume hoffte ich, in Neuseeland zu finden.

Auf der Suche

Diese beiden Gründe machten mich also rastlos und ich konnte es nicht ändern. Bay of Islands bot mir eine Vielfalt an Möglichkeiten und ich machte mich, gut ausgerüstet mit den Tipps meiner Quartiergeber, täglich auf den Weg. Ich fuhr Richtung Norden, um mir die Küste genauer anzusehen. Abseits der großen Nord-Südrouten sind die Straßen in Neuseeland winzig, oft nur geschottert, kurvig und man kommt langsam voran. Ich tourte mit meinem Fast-Oldtimer, mit Buch und Strandtuch ausgerüstet, in beschaulichem Tempo die Küstenlinie entlang und kam in wundervolle menschenleere Buchten. Die Küstenriffs sind alle vulkanischen Ursprungs, schwarz und rissig, dazwischen gibt es herrliche Kiesstrände mit weißem, rosa oder dunkelgrauem Sand. Immer wieder machte ich Halt, ging in das lauwarme Meer, sammelte angetriebenes Holz, Muscheln, besondere Steine und lag sogar ein bisschen in der Sonne. Ich las, ging am Meer spazieren, schaute in den gleißenden, hellen Himmel – und fand doch nur für Momente Ruhe, ein Entspannen, ein Zufriedensein. Ein scharfes Einsamkeitsgefühl, verbunden mit der Traurigkeit, all diese Schönheit nicht teilen zu können und sie damit nicht voll ausschöpfen und würdigen zu können, befiel mich.

Dann wollte ich aufs Meer hinaus. Die Gegend war berühmt für ihre Delphintouren und ich mietete mich auf einem der Touristenboote ein, die jeden Morgen starten, um unsere hellgrauen, schwimmenden Verwandten zu finden. Wir fuhren eine Stunde hinaus, wieder unter diesem besonderen strahlenden Licht und stießen bald auf einen Delphinschwarm – obwohl ich eher glaube, dass sich die Delphine in ihrer Freundlichkeit und Neugierde von uns finden ließen oder sogar zu uns gekommen waren. Der Skipper drosselte den Motor, die menschliche Fracht drängte sich an der Bugreling und blickte mit ah und oh, freudig oder ziemlich gleichgültig auf ihre neuen Begleiter. Die Delphine spielten mit uns. Im glitzernden Gischt der Bugwelle sprangen sie hoch, sausten paarweise mit dem Kiel oder kreuzten unter dem Schiff hin und her. Die ganze Zeit konnte man dabei die feinen, hohen Töne hören, in denen sie miteinander sprechen.

Dann sollte der Höhepunkt des Ausflugs kommen – Schwimmen mit den Delphinen. Ein breites Netz wurde über zwei kleine Kräne über die Reling gelassen und ins Wasser abgesenkt, alles, damit die Schwimmer, die nun gleich einer nach dem anderen ins Wasser platschen sollten, sicher wären. Ein Gewusel von Badehosen, Schnorcheln, schreienden Kindern und prustenden Erwachsenen entstand, dazwischen von Zeit zu Zeit die Rückenfinne eines Delphins, der sich das Treiben ansehen wollte und schnell in einem Bogen wieder in die Tiefe verschwand. Ich war an Deck geblieben, einerseits, weil ich keine sehr gute Schwimmerin bin, andererseits lieber beobachten wollte. Das Geschehen war lustig und doch skurril und irgendwie disproportional – wie Menschen versuchten, ein Erlebnis mit anderen Wesen herbeizuführen und festzuhalten, die sie genau dadurch verscheuchten und das Gesuchte damit unmöglich machten. Die ungeschickt rudernden menschlichen Schwimmer und die elegant hochsteigenden Delphine bildeten dabei einen solchen Kontrast, dass ich immer wieder lachen musste. Die unglaubliche Schönheit des Tages, des Meeres und der Begegnung mit diesen schönen, intelligenten Meeressäugern sowie eine große Freude, das erleben zu dürfen, standen in scharfem Gegensatz zu der Unbeholfenheit, mit der wir Menschen uns dieser Schönheit annähern bzw. dem Geschäftssinn, mit dem die Tourismusindustrie sie zur Ware macht. Und als höchstpersönliches Motiv kam in mir in ebenso scharfem Kontrast wieder ein Gefühl des bitteren Alleinseins auf.

Lonely, lonely, lonely ...

Womit ich mich wohl nicht mehr um den lange zuvor angekündigten zweiten Punkt herumdrücken kann. Sie erinnern sich – »Alleinreisen bis Einsamkeit«. Es ist mir bis heute, zwei Jahre nach dieser Zeit, schwierig und fast ein bisschen peinlich darüber zu schreiben. Die weit verbreitete (oder ist es nur eine eigene?) Ansicht, dass eine Sabbatzeit ausschließlich eine tolle Zeit ist, spukt noch immer in meinem Kopf herum. Wer es anders erlebt, hat etwas falsch gemacht, hat ein bisschen versagt.

Und Einsamkeitsgefühle sind so ziemlich das Unattraktivste, das man in einer Sabbatzeit erleben kann, daher spricht man möglichst nicht darüber. Sie kennen das sicher: Wenn der teure Super-Urlaub nicht so gelungen war, eigentlich sogar ziemlich beschissen, beißt man sich lieber die Zunge ab, als offen darüber zu sprechen. Lieber den Schein des Besonderen nach außen aufrecht erhalten!

Also, Alleinreisen heißt, alleine reisen. Das hat große und attraktive Vorteile, wie völlige Unabhängigkeit, Beweglichkeit, keine Kompromisse machen müssen und es hat schwierige Schattenseiten wie Einsamkeit, Nicht-teilen-Können im Sinne von Sich-nicht-mitteilen-Können. Auch das Thema Kontakt ist ein zentrales.

Das Alleinesein bei Solo-Trips zeigt sich jede Minute: beim Aufwachen, Frühstücken, der Tagesplanung, den Unternehmungen, der Quartiersuche und dem Schlafengehen. Doch das bedeutet noch nicht Einsamsein, es kann sogar ein sehr schöner zentrierter und kontemplativer Zustand sein. Aber für mich erforderte es immer wieder gute Organisation, eine gewisse Kraftanstrengung und Disziplin und unbedingte positive Ausrichtung, um nicht in die totale Lonelyness zu kippen. Paradoxerweise waren es gerade die schönsten Erlebnisse, die als Kehrseite ein starkes Einsamkeitsgefühl mit sich brachten. Nicht teilen können, einen lieben Menschen im Angesicht von etwas besonders Schönem nicht umarmen und begeistert oder berührt sagen zu können, »Schau! Wie schön!«, macht die schönste Bucht der Welt manchmal halb so schön, den wunderbarsten Urwald unspektakulär und die wichtigsten Erkenntnisse schal.

Alleine sein konnte ich ganz gut aushalten und hatte es als Reiseform ja selbst gewählt, aber das bittere Gefühl der Einsamkeit wollte ich nicht erleben und tat viel, es zu vermeiden – vielleicht war meine Tendenz, die Tage mit Programm vollzufüllen auch ein unbewusster Versuch, so diesem dunklen Schatten auszuweichen.

Das Herz des Waldes

Nach der Delphintour wollte ich die nächsten Tage wandern und endlich in eines der Urwaldgebiete gehen. Die Gegend der Bay of Islands ist berühmt auch für ihre alten Kauriwälder, die, in Naturparks geschützt, zu enormer Größe heranwachsen können. Die Kauri-Fichte ist ein mächtiger archaischer Baum, den es als Art schon viele Millionen Jahre gibt, ein Urweltbaum, der bis 1890 fast die gesamte Nordinsel Neuseelands bedeckte. Der Hunger der Ersten Welt nach seinem Harz als Grundstoff für Lacke und Linoleum hatte ihm fast den Garaus gemacht, heute überlebt er nur noch als geschütztes Relikt in Reservaten. Ich hatte über diesen wunderbaren Baum in Büchern gelesen und wollte unbedingt einige der ältesten, majestätischsten Exemplare – die im Übrigen alle Maori-Namen tragen – sehen, tasten, riechen und ihre Atmosphäre erspüren.

Wie jeden Morgen schwang ich mich wieder in mein graues Gefährt und fuhr Richtung Northland Conservation Park, wo die größten Kauris der Welt – *Tane Mahuta* (der Gott des Waldes) und *Te Mahuta Ngahere* (der Vater des Waldes) – zu Hause sind. Nach einer kurzen Weile befand ich mich auf der Parkstraße, schon auf dem Weg in Richtung Besuchercenter, von wo aus ich loswandern wollte. Ich hatte am Straßenrand bereits die ersten Kauris mit ihren wuchtigen hellgrauen Stämmen gesehen, als unter meinem Auto mit lautem Scheppern und gleich darauf röhrenden Geräuschen offenbar irgendetwas eindeutig Bedrohliches passierte. Ich hielt sofort an und blickte unter den Wagen. Meine Beschwörungen beim Autovermieter in Auckland waren nicht erhört worden: vom Auspuff war nur noch ein Stummel übrig, der Rest lag vor mir auf der Straße. Ich packte das blöde Ding in den Kofferraum und wollte – in einem Anfall von Realitätsverweigerung – weiterfahren, um meinen Ausflug zu retten. Aber die ersten paar hundert Meter ohne Auspuff belehrten mich eines Besseren. Die Kiste röhrte und brüllte in einem Ausmaß, dass ich nicht eine halbe Stunde so weitermachen konnte. Super! Ich saß mitten im Urwald mit abgebrochenem Auspuff und brauchte dringend eine Werkstatt. Meinen Ausflug konnte ich vergessen.

Ich holte die Landkarte heraus und suchte nach den nächsten Orten, dann machte ich mich in vorsichtigem Tempo und mit infernalischem Sound auf den Weg. Die Auto-Reparatur-Göttin war mir gnädig und ich hatte nicht weit zu fahren. Drei Örtchen später fand ich gleich neben der Straße auf einer Wiese eine Werkstatt, die einem amerikanischen Film über die 40er-Jahre zu entstammen schien und die mich in den nächsten Stunden mehr und mehr entzücken sollte. Von außen war es ein unscheinbares weißes Brettergebäude, das nur durch zwei wundervolle Oldtimer aus den Dreißigern auffiel, die – ganz im Stil des Ensembles – gefällig davor geparkt waren. Ich hielt und stieg aus, um das Nötige zu arrangieren. Im winzigen Büro, das zugleich Tankstelle war – beinahe hätte ich vergessen, die beiden antiquarischen Modelle von Zapfsäulen zu erwähnen –, war niemand. Dann ging ich durch ein großes Rolltor in die Werkstatt. Drei sehr beschäftigte Männer, die mich überhaupt nicht wahrnahmen, werkelten an verschiedenen Autos zu ebener Erde oder im ersten Stock, unter der Hebebühne.

Schließlich löste sich ein dünner, muskulöser, perfekt irisch aussehender Mann von seiner Arbeit und fragte, was ich bräuchte. Schnell war mein Anliegen erklärt und bald stand auch mein Wagen auf der Hebebühne. Mit leisen Verwünschungen über das »Bloody Cheap Car-Rental« machte sich der Mechaniker an seine Arbeit. Er reparierte mit einer Genauigkeit, Solidität und Ruhe, die mich sehr beeindruckten – diese Reparatur würde das Gesamtvehikel jedenfalls überleben. Dann wurde das »Bloody Cheap Car-Rental« angerufen, um ihm die Kosten aufzubrummen und kurz darauf stand ich wieder auf der Straße und konnte weiterfahren. Aus der Urwaldwanderung wurde zwar an diesem Tag nichts mehr, aber ein wundervolles Bad in einer Flussbiegung in der Nähe des Besuchercenters war noch drin und ich schloss diesen eigenartigen Tag mit Pannen, unerwarteten Begegnungen und einer anachronistischen Werkstatt zufrieden ab.

Am nächsten Tag machte ich den zweiten Versuch in Sachen Urwald und beschloss, spontan ein Flusstal entlang in ein Naturschutzgebiet hinein zu wandern. Es gab keinen ausgeschilderten Wanderweg, was mir ohnehin am liebsten ist, sondern hinter einer großen Kuhweide an der Grenze des Reservates begann einfach ein verwilderter, alter Fuhr- und dann Fußweg, der sich mehr und mehr verwischte und der meinen Spürsinn herausforderte. Der Kontrast zwischen den Naturen konnte nicht stärker sein – hier die gezähmte, ausgeräumte Landschaft mit ihren Kulturflächen, da das wuchernde üppige Grün eines gemäßigten Urwalds mit seinen Blätterdächern in Etagenanordnung, der unglaublichen Vielfalt an Bäumen, Sträuchern, Farnen, Lianen und an den hellen Stellen Blumen. Das Schönste aber war der Fluss, der dieses Gebiet durchzog, sich in sanften Schlingen durch den Wald wand mit lichten Stromschnellen, breiten ruhigen Stellen oder tiefen Tümpeln, die zum Baden lockten. Ich konnte nicht widerstehen, und als ich nach zwei Stunden tief genug im Wald war, ging ich zum Ufer, warf alles ab, was ich anhatte und stieg nackt ins milde, warme Wasser. Solche Momente machten mich vollkommen glücklich – ich lag im warmen Wasser, schwamm in die Tiefe, blickte in den Himmel und konnte es nicht fassen. In solchen Augenblicken war ich nie einsam, sondern fühlte mich aufgehoben in der Schönheit und Fülle der Natur, bewegte mich aufmerksam und respektvoll und voll der Freude in ihr und sah ihre Ganzheit und Unversehrtheit.

Da ich bei meinen zahlreichen Naturerlebnissen, Trekkings oder Wanderreisen der letzten Jahre bei vielen Menschen ähnliche Gefühle beim Erleben von schöner Natur festmachen konnte, wage ich eine These aufzustellen, die sich auch in der Tiefenökologie und im Buddhismus wiederfindet: Menschen brauchen und lieben lebendige, unzerstörte Naturräume, ihre Verbindung zur Natur ist ihnen über die letzten Jahrtausende sozusagen eingeboren. Und selbst wenn diese Verbindung in unseren industriellen, urbanen Lebensformen sehr lose geworden oder zerrissen ist, sehnen wir uns nach Ganzheit und Vielfalt, nach einer Verbindung mit der Natur, die uns nährt und erfüllt. Der Boom der Abenteuerreisen, Trekkingexpeditionen und Wildernessseminare in die noch wenig berührten Gebiete unserer Welt spricht eine beredte Sprache über diese Sehnsucht.

Aber solch eine Natur und alle ihre Erscheinungsformen von Leben brauchen Achtsamkeit, Caring und im Notfall auch Schutz. Der buddhistische Satz »Zum Wohle aller Wesen« ist keine leere Floskel und weist auf die Ganzheit und Unzerstörtheit, die wir alle brauchen.

Was ich hier gerade erlebt hatte, lässt sich in keinem Reisebüro, in keinem Trekkingunternehmen der Welt buchen und es entstand aus dem Ungeplanten, der Überraschung und der unerwarteten Schönheit des Augenblicks. Ich war ein Stück aus meiner Struktur und dem Durchorganisierten herausgetreten, war abseits der empfohlenen markierten Pfade einfach drauflos gegangen. Es hatte mich mit einer Freude erfüllt, wie ich sie nicht allzu oft während meiner Reise erlebte und vielleicht lag gerade in diesem Erlebnis das Geheimnis: dass Nicht-Planen, Nicht-Kontrollieren und das Überraschende, Unerwartete passieren Lassen das Erlebte zum Leuchten bringen kann.

Doch mit dem Ende des Tages musste ich zurückkehren aus dem Wald und wieder in meinen »Sabbatical-Alltag« und seine Themen eintauchen. Die nächsten beiden Tage brachten wieder Programm, um auch alles gesehen zu haben, was die Bay of Islands zu bieten hatte – eine Wanderung in einem mehr als zahmen kleinen Mangroven-Wäldchen und die zentrale Maori Versammlungs- und Gedenkstätte des Landes in Waitangi waren noch Teil der Tage.

Dann ging es schon wieder weiter in einem großen Sprung in den Südteil der nördlichen Insel, wo ein direkt am Meer gelegener Nationalpark rund um einen Vulkan in den Reisebüchern verlockend angepriesen worden war. In zwei verregneten grauen Fahrtagen legte ich fast 500 km zurück und kam erschöpft, gerade als die Sonne am zweiten Abend wieder hervorkam, am Mount Taranaki an, einem wunderschönen, ebenmäßigen Vulkankegel von 2 500 Metern Höhe und somit zweithöchster Berg der Nordinsel. Er leuchtete – nach all dem Regen – frisch verschneit im Abendlicht.

Hier wollte ich einige Tage bleiben, um mir den Nationalpark anzusehen und die nähere Umgebung genau kennen zu lernen. Aber auch hier fehlte mir natürlich wie immer ein Quartier. Ich steuerte also schleunigst ein größeres Provinzstädtchen an der Hinterseite des mächtigen Taranaki an, weil ich mir dort eine größere Auswahl an Schlafplätzen versprach und stolperte am Eingang des Städtchens sozusagen über eine alte Holzvilla, die einen Aushang »Bed & Breakfast« hatte. Schon am Gästeparkplatz fiel mir auf, dass das Haus seine besten Tage lange hinter sich hatte und etwas verwunschen wirkte. Die Besitzerin, eine zuckersüße ehemalige Friseuse, überschüttete mich mit Freundlichkeiten und ihrem angeblich besten Zimmer – meine Bleibe schien für die nächsten Tage geregelt.

Ich war fasziniert von der früheren Schönheit des Hauses, ebenso wie von seiner Skurrilität. Alles atmete die dunkle Pracht des Historismus, die aber durch Plastikdeckchen,

Plastikblumen, Häkelzeug, Puppen und eine unglaubliche Schlamperei völlig verdeckt war. In einem Hinterzimmer lag angeblich der kranke Mann der Friseuse, den ich nie zu Gesicht bekam, der die Gedrücktheit der Atmosphäre aber verstärkte.

An der Seite des Hauses gab es eine wunderbare alte Glasveranda, in der ein Billardtisch stand, darunter Kartoffelkisten, Zwiebelkisten und Gartenwerkzeug. Im Garten, der immer noch liebevoll gepflegt war, stand als Zentrum ein doppelstöckiger alter Gusseisenspringbrunnen, früher ein prächtiges Stück im Mittelpunkt eines herrschaftlichen Anwesens. Heute waren seine Becken vollgefüllt mit sonderbaren kleinen Gestalten – Plastikgartenzwergen, Gipsfröschen, Rehen, Elfen. Alles schimmerte im Abendlicht, noch nass vom letzten Regen.

Hinter dem Haus lag noch ein kleiner verglaster Anbau, wie ein Häuschen für Gartengeräte, und in meiner Neugierde presste ich meine Nase ans Fensterglas. Im Chaos eines Abstellraumes gab es einen freigeräumten Teil und da stand ein perfekt eingerichteter kleiner Frisiersalon – zwei Friseurstühle, alte Spülbecken, zwei alte Trockenhauben im hellgrauen Plastik der 60er-Jahre, eine Reihe Spiegel an der Wand. Und davor meine Vermieterin, die sich im Museum ihres Lebens frisierte und puderte. Ich prallte zurück vor der Einsamkeit und Intimität der Szene und allmählich beschlich mich ein Gefühl zwischen »Alice im Wunderland« und »Shining«.

Die Nacht und der kommende Morgen verstärkten mein Gefühl noch. Mein Zimmer war unter seiner plüschigen, spitzenverbrämten Pseudogemütlichkeit schmutzig und verschlampt, das Frühstück in seiner bemühten Üppigkeit billig und grausig. Und ich schien meiner Vermieterin gar nicht mehr willkommen zu sein. Unter einem Vorwand schmiss sie mich raus und ich flüchtete erleichtert.

Ich hatte eine Frau in ihrer Einsamkeit, ihren Überlebensversuchen, ihrer Kontrolle und ihrem Haltsuchen an einer leblosen Vergangenheit kurz beobachtet – das hätte ich nicht tun dürfen und wollte es keinesfalls weiter tun. Wie in einer Filmszene ließ ich das *Geisterhaus* hinter mir und bog auf die Hauptstraße, die herrlich banal und normal im Sonnenlicht vor mir lag, und suchte mir ein neues Quartier. In der nächsten Ortschaft wurde ich fündig und wählte nun bewusst ein möglichst einfaches, klares, sauberes Motel, in dem ich mehr oder weniger anonym und unbehelligt die nächsten Tage verbringen würde.

Kontakt

Nun begann für mich wieder das übliche Ritual, wenn ich in einer neuen Gegend angekommen war. Ich wollte sie in einem ersten Überblick erkunden, um dann mehr ins Detail zu gehen. Basis dafür war wieder das Touristeninformationscenter des Ortes, wo ich an Broschüren sammelte, was es zu sammeln gab.

Dann warf ich mich ins Auto, um früh genug dran zu sein, in einer Tagestour von 200 km den Taranaki zu umrunden. Ich war voll der Erwartungen, weil eine ganze Reihe von Orten an der Strecke lag und ich den Berg in seinen unterschiedlichsten Vegetationen von allen Seiten sehen würde. Aber ich sollte ziemlich enttäuscht werden. Es war Wochenende, alle Läden waren zu und die Menschen waren ausgestorben oder hatten sich dematerialisiert. Ich fuhr von einem Ort zum nächsten, in der Hoffnung, dort irgendetwas Besonderes, Auffälliges zu sehen, einen kleinen Hinweis auf etwas Irreguläres, Sperriges, das von der Norm abwich und hinter dem das Tun von ebensolchen Menschen zu sehen gewesen wäre, aber ich fand wieder nur den amerikanischen Kleinstadtstil der 40er- bis 80er-Jahre, absolute Suburbia. Nach der Hälfte der Strecke blieb ich erschöpft stehen, um etwas zu trinken. Der Ort hatte ein offenes Café, wo ich als eine von zwei Gästen neben einer wohl ebenso einsamen Pensionistin an einem Plastiktischchen vor dem Lokal saß. Ich habe noch heute das Foto, wo mein kleines graues Auto auf einer völlig ausgestorbenen Straße in der Sonne glüht, ansonsten nur Scherengitter, handgemalte Geschäftsschilder und hölzerne Vordächer einer Westernstadt.

Mein Schatten, die Einsamkeit, war mich wieder angesprungen und ich musste mir irgendeine grundlegende Strategie dazu überlegen.

Als letzten Punkt zum Thema »Alleinreisen« hatte ich vor einigen Seiten das Thema Kontakt erwähnt – dieses wurde nun mehr als aktuell. Mit einheimischen Menschen in Kontakt zu kommen, ist auf jeder Reise wichtig und macht ihre Besonderheit aus. Eine Ansammlung von Sehenswürdigkeiten ist ohne die darin lebenden Menschen leblos und nur die nähere Begegnung mit anderen menschlichen Wesen bringt ein tieferes Erkennen und Verstehen ihrer Lebensweise und Kultur.

Aber wie mit diesen Menschen in Kontakt kommen, in einen über das oberflächliche Alltagsmaß von Einkaufen, Zimmersuche oder Essengehen hinausgehenden Kontakt? Diese Frage ist die zentrale für jede/n Alleinreisende/n und ist eine Herausforderung an die Persönlichkeitsstruktur und sie zeigt einem die eigenen Fähigkeiten und Schwächen im sozialen Miteinander schonungslos auf.

Ich bin ein durchschnittlich kommunikativer Mensch, mit Anflügen von Schüchternheit, aber auch voll der Neugierde und Freude für Neues in meiner Umwelt. Aber das hatte bis jetzt meist nicht ausgereicht, mir mehr als jene oberflächlichen Begegnungen, die mich leer ließen, zu ermöglichen. Zusätzlich hatte ich als Transportmittel das Auto gewählt, das zwar viel Unabhängigkeit und Beweglichkeit gibt, aber Kontakte sehr verhindert. Man fährt in seinem blechernen, erweiterten Ego, geschützt oder auch gepanzert durch die Landschaft, fährt an vielem vorbei, kann an vielem vorbei und bleibt nur dort stehen, wo man sich sicher fühlt, wo es schön ist und wo man voraussichtlich alles im Griff hat. Aber die unerwarteten, spannenden Dinge passieren nicht in diesen Zonen. Erinnern Sie sich an das Wort »Risikozone«, ein Begriff aus der systemischen Pädagogik? Wenn wir nicht müssen, gehen wir dort nicht hin, aber so wird uns nichts Neues begegnen. Und das Auto ist das ungeeignetste Fortbewegungsmittel, wenn man etwas und jemandem Neuem begegnen will.

Wenn Sie auf Reisen nicht allein sein wollen und ein Land wirklich kennen lernen wollen, fahren Sie mit dem Bus, mit dem Rad, gehen Sie zu Fuß, machen Sie Autostopp, fahren Sie mit Greyhound/Greyline, die Billigbuslinien, die meist jugendliche Rucksacktouristen befördern. Und wohnen Sie in Jugendherbergen, auf dem Campingplatz oder in Motels/Hotels in Ortsmitten, wo Einheimische absteigen. Und dann brauchen Sie noch eine unerschütterliche Portion an Offenheit und Kontaktfreude, die Sie bitte täglich anwenden. Dann wird ihr Alleinreisen ein Reisen mit vielen überraschenden Begegnungen, unerwarteter Freude und Schönheit, manchmal allerdings auch schwierigen Situationen, Chaos und einer Beweglichkeit und Lebendigkeit, die Ihnen vielleicht ängstlich den Atem nimmt und Sie letztlich freudig und erfüllt zurückkehren lassen wird. Ich habe solche Reisen erst nach meiner Sabbatzeit gemacht und machen können, aber damals in Neuseeland saß ich bitter einsam am Straßenrand und wusste, ich musste etwas verändern.

Nun war ich aber einmal mit dem Auto unterwegs und zu bequem für Jugendherbergen (vorerst), also könnte ich nur an meiner Bereitschaft und Fähigkeit, auf Menschen aktiv zuzugehen, etwas ändern. Natürlich geht das nicht so einfach, dass man sich einen Klaps auf den Kopf gibt und dann ist alles anders und Strukturen der eigenen Persönlichkeit sind mit einem Strich weggewischt. Aber als Vorsatz, als Anregung für die eigene Seele, war mein Vorhaben durchaus brauchbar und eine gute Übung.

Ich verließ das verödete Kaffeehaus und fuhr an die Küste, weil dort wegen der vergangenen stürmischen Regentage hoher Wellengang gemeldet worden war. Ich wollte mich »auslüften«, und meine innere Aufgewühltheit am Meer wiederfinden. Die See enttäuschte mich nicht. Hohe schmutzige Brecher donnerten an den Strand, wo ich an einem verwilderten Teil entlangging und Holz und Muscheln sammelte. Der Taranaki, der den Maoris heilig ist, hatte sich in ein Lichtspiel aus Wolkenfetzen und Sonne gehüllt und war das mächtige felsige Äquivalent zu dem wilden Wasser vor mir.

Ich fühlte mich erleichtert und ein wenig versöhnt mit meiner manchmal schwierigen Reise und meinem Unvermögen und schaute wieder positiv auf die kommende Zeit. Auf dem Rückweg wich ich der Kette von unbedeutenden Orten aus und fuhr auf den Berg, an dessen Flanken in mehreren Ringen kleine Straßen entlangführten. Hier in der »Welt hinter der Welt« begegneten mir Stellen und Orte, die mir gefielen und die mich berührten – kleine Bauernhöfe, Landsitze, ein botanischer Garten, der sich auf die Pflanzenvielfalt dieses Vulkans spezialisiert hatte, üppiges Grün und viele, viele Blumen.

Die Alten Völker

Zurück im Motel schnappte ich mir eine Bierdose und setzte mich wie der Yankee im amerikanischen Film zu Tagesende auf die Veranda vor dem Zimmer, Beine hochgelagert. Der Raum neben mir war nun auch bewohnt – wie sich bald herausstellte, hatten zwei Landarbeiter hier Quartier bezogen. Auch sie wollten nach ihrem harten Tag ein Bier trinken und wir kamen bald ins Gespräch. Der eine war ein Weißer, der andere ein Maori, der mich für den nächsten Abend zum Essen einlud. Er war ein feiner, höflicher Mann, der respektvoll mit mir umging und die manchmal lästige Mann-Frau-»Anbraterei« sein ließ. Er würde etwas Besonderes für mich kochen. Bei einem Blick in den Raum der beiden Männer sah ich, dass sie gut ausgerüstet waren. Das halbe Zimmer war Speisekammer, Kübel mit Kartoffeln und Gemüse standen herum und wechselten sich ab mit Kaffeepackungen, Chips und Zwiebelzöpfen. Die beiden hatten einen länger dauernden Auftrag in der Gegend und kochten, um Geld zu sparen, alles selbst. Was sie genau taten, würde ich am nächsten Tag erfahren. Ich versprach, einen guten Wein mitzubringen, und ging zufrieden ins Bett.

Der nächste Tag brachte mich in meinem unstillbaren Bedürfnis nach »High Life« und ein bisschen Großstadtfeeling in die größte Provinzstadt der Gegend – New Plymouth mit 50 000 EinwohnerInnen. Ich genoss ein wenig Shopping, den Erwerb zweier CDs, ein Museum, ein paar Kunstgalerien und das Kaufen erster Mitbringsel.

Und völlig spontan entschloss ich mich, meine Flüge umzubuchen und früher als geplant nach Australien zu fliegen, um dort bei der größten Parade der Welt, dem Mardi Gras, der in drei Wochen in Sydney stattfinden würde, dabei zu sein. Außerdem wollte ich mir ein verfrühtes Geburtstagsgeschenk machen und buchte auch meinen Rückflug nach Europa vierzehn Tage früher. Ich war nun fast vier Wochen im Land, drei weitere würde ich bleiben, dann noch ebensolche drei in Australien. Meine Sehnsucht nach Kontakt und Lebendigkeit hatte eindeutig durchgeschlagen und meiner Reise eine ganz neue Wendung gegeben. Schließlich besorgte ich im Supermarkt noch eine schöne Flasche Shiraz und freute mich auf den Abend.

Mein Nachbar und neuer Bekannter hatte bei meinem Eintreffen schon groß aufgekocht. Er lud mich ein, in die Töpfe zu blicken und erzählte mir mit Stolz, er habe Wildschwein vorbereitet, das er selbst erlegt und für besondere Gelegenheiten während seiner langen Arbeitsphasen reserviert hätte. Ich deckte Pappteller auf und nach Einbruch der Dunkelheit kauerten wir vor dem kniehohen Couchtisch des Motels inmitten eines Wusts von Arbeitsausrüstung, Kleidung und Nahrungsmitteln und genossen das köstliche Wildschweinfleisch, für mich das erste Mal in meinem Leben à la Maori.

Und dann erzählte mir mein Gastgeber über sein Leben. Er war, wie er schon am Vortag erwähnt hatte, Landarbeiter, der in der Sommersaison viele Wochen am Stück von zu Hause fort war, um im ganzen Land ehemalige Waldflächen nach ihrer Rodung als landwirtschaftliche Fläche aufzubereiten. Dies geschieht mit riesigen Maschinen, Irrigatoren, die sich tief in den Grund graben und aus den verbliebenen Wurzelstöcken Hackschnitzel machen, diese in den Boden einarbeiten und die Fläche planieren, damit dann daraus ungehindert Acker- oder Weideland werden kan. Die Arbeit ist hart, beginnt um fünf Uhr früh im Schichtdienst und findet bei jedem Wetter statt. Seine Familie, die in einem traditionellen Maorigebiet an der Ostküste, in der Bay of Plenty lebt, sähe er nur alle vier Wochen. Im Winter wäre es dann besser – da wäre er arbeitslos und hätte mehr Zeit fürs Leben, seine Frau und die Jagd.

Was und vor allem wie er es mir erzählte, berührte mich sehr, und seine Geschichte schien mir beispielhaft für die Geschichte der Maori in Neuseeland und vielleicht für die aller Urbevölkerungen der Welt.

Die Maori, eine alte polynesische Kultur, wurden ab 1840 endgültig vom britischen Empire kolonialisiert und ihr Land, das sie ohne Privateigentum kollektiv in Klans bewirtschaftet hatten, wurde ihnen weitgehend weggenommen. Neuseeland wurde binnen weniger Jahrzehnte, als in Europa die Industrialisierung der Zweiten Gründerzeit nach immer mehr Ressourcen verlangte, völlig ausgebeutet. Die Urwaldbestände von Kauri, Rimu, Totara oder anderer Edelhölzer wurden abgeholzt und wanderten per Schiff ins Empire. Ebenso geschah es mit Gold – auch Fleisch, Milch und Wolle der importierten Schafe, wurde zu einer weiteren wichtigen Einnahmequelle. Der europäische Lebensstil machte sich breit und drängte die Maori völlig zurück. Zu Anfang des 20. Jahrhunderts waren sie am Aussterben, heute hat sich die Bevölkerung erholt und ist wieder auf eine halbe Million Menschen angewachsen.

Aber wie alle indigenen Völker der Welt leben sie an den Rand gedrängt und deklassiert, auf sonderbare Weise ohne Bodenhaftung oder gefährdet. Ich habe nicht viel Erfahrung mit indigenen Völkern, aber die Lebensumstände der wenigen Gruppen, die ich auf meinen Reisen der letzten zehn Jahre kennen lernte, kann man als Muster wie ein Raster übereinander legen, sie ähneln sich in allen Punkten.

Seien es die Native Americans aus Colorado, New Mexico oder Utah, die Mapuche aus den chilenischen oder argentinischen Anden oder nun die Maori (stellvertretend für alle anderen) und später die Aborigines – sie alle waren in ihrer ursprünglichen Lebensweise Völker, die der Natur nahe waren, sie respektierten und in ihren Rhythmen lebten. Aus dieser Lebensform kam eine tiefe Spiritualität, die über die konkreten Erscheinungsformen von Natur wie über ihre transzendenten Kräfte gut Bescheid wusste. Diese Menschen leb(t)en in Verbundenheit mit, Wissen über und Abhängigkeit von der sie umgebenden Welt. An oberster Stelle stand nicht der Mensch, der sich »die Erde untertan« machen durfte und ausbeutete, sondern eine göttliche Welt als Symbol für die »schönen Kräfte« und die große allumfassende Energie, die unser Leben in der Natur/Umwelt erst möglich macht.

Dann kamen die Repräsentanten eines anderen Weltbilds, die Europäer und später die Amerikaner und setz(t)en ihr Denken und Wirtschaften in die Tat um. Als Krone der Schöpfung tauchte auf einmal der weiße Mensch der Ersten Welt auf, der meinte, sich alle anderen (in seiner Ansicht niedrigeren) Lebensformen unterwerfen und sich ihrer bedienen zu können. Natur muss(te) beherrscht und besiegt werden – ihre Ressourcen, die ohnehin endlos für die Absichten dieser Machtmenschen zur Verfügung stünden, wurden im Übermaß und ohne Rücksicht auf andere Lebewesen genommen. Die indigenen Bevölkerungen wurden/werden der Grundlagen für ihr (Über)leben beraubt, ihre Wälder, Flüsse und Berge mit einer Vielfalt an Pflanzen und Tieren als pures Rohstoffreservat missbraucht und der innere Konnex sowie die spirituelle Verbindung damit negiert und zerrissen. Das ist bis heute der Status quo.

Die Mapuches, Native Americans, Inuit oder die ethnischen Angehörigen des Mannes, der da vor mir saß, verloren im wahrsten Sinn des Wortes den Boden unter den Füßen und damit ein Stück ihrer seelischen und spirituellen Orientierung. Heute leben alle diese Gruppen am Rande einer verwestlichten Industriegesellschaft, meist in Reservaten im hintersten und unfruchtbarsten Winkel ihrer Länder. Sie sind sozial deklassiert, bekommen die schlechtesten und billigsten Jobs oder sind überhaupt arbeitslos und töten sich ab mit Alkohol.

Wir, die Menschen der Ersten Welt, haben uns wirklich breit gemacht mit unseren schnell Fleisch liefernden Rinderherden, den schnell Holz liefernden Turbofichten, dem üppig Ernte abwerfenden genetisch manipulierten Saatgut (das – welch Zufall – aber nur mit dem Dünger und Unkrautvernichter derjenigen Chemiekonzerne funktioniert, die es manipuliert haben), unserem Lebensstil und unserer unstillbaren Gier.

Wir haben bis heute nicht verstanden, dass wir alle in einem riesigen Boot sitzen, alle Lebewesen der Welt, des Systems Erde, und dass, wenn am hintersten Ende des Bootes die Spitze abgesägt wird, wir alle untergehen.

Mein Maori-Gastgeber legte mir noch ein Stück Fleisch auf den Teller, ich schenkte uns den dritten Becher Wein ein und wir sprachen noch über dies und das. Ich erzählte ihm von meinem Leben auf der anderen Seite der Erdkugel, meinem Beruf, und dem, was mir Freude macht, weswegen ich auch in sein Land gekommen war – Natur und Wald. Und er erzählte mir von dem, was ihm Freude macht – von der Wildschweinjagd, wo er mit seinen Hunden ins unwegsame Buschland geht, bis die Hunde ein Schwein umringen und stellen, das er als traditioneller Maori dann mit dem Messer (!) erlegt.

Er gab mir noch einige Tipps mit auf den Weg, wo es schön wäre und was ich unbedingt ansehen sollte auf der Nordinsel und dann nahmen wir Abschied – er sagte in seiner höflichen würdevollen Art »Goodbye Ma'am«, ich benutzte das Wort »Sir«, denn er war einer, und dann gingen wir auseinander. Wir werden uns aller Voraussicht nach nie wieder sehen, aber es war eine wundervolle Begegnung von zwei Menschen aus zwei Welten, wie sie unterschiedlicher nicht sein können, deren Bedeutung ich noch heute in mir trage.

In den nächsten zwei Tagen wanderte ich noch mit Freude und Begeisterung im Nationalpark des Taranaki und seinen gemäßigten alten Wäldern und alpinen Matten. Besuchte Berghütten, die eher in den Schweizer Bergen stehen sollten, denn ihre Besitzer sprachen noch immer überzeugt Schwyzerdütsch.

Und dann war es wieder einmal soweit und ich war »on the road again«. Ich wollte sozusagen ins Herz des Landes, zum größten See der Insel, Lake Taupo und – ja, wieder einmal – zu einem Nationalpark, in dem auch der höchste Vulkan der Insel, Mount Ruapehu steht, der erst 1996 alles in seiner Umgebung in Schutt und Asche gelegt hatte. Die Gegend ist zudem bekannt für ihre schönen Flüsse und eine gute Forellenfischerei – das wollte ich als alte Fliegenfischerin ausprobieren.

Das Naturmuseum

Um dorthin zu gelangen, würde ich durch ein wenig besiedeltes Hochplateau und Waldland fahren. Ich freute mich auf die Fahrt und die unbekannten, menschenleeren Räume, die mir begegnen würden. Menschenleer wurden sie wirklich, die kommenden 250 Kilometer, aber die Spuren des Menschen waren unübersehbar. Immer wieder, wenn ich um eine Bergflanke bog, gab es zwei unerwartete und erstaunliche Bilder – entweder völlig kahle halbe und ganze Talseiten oder auch Landstriche mit riesigen einheitlichen, fast plastikartig dunkelgrünen Flecken. Und ich wusste bald: »Pinus Radiata« – der neue Wald mit der wuchsfreudigen Föhrensorte aus Kalifornien, die Freude der Holzindustrie, die nach 25 Jahren schlagreif ist, liegt vor mir. Diese Pflanzungen sind strikt symmetrisch, in Reih und Glied, es gibt keinen Unterwuchs, keine anderen Sorten von Leben und wenn gerodet wird, passiert dies vollautomatisch; zurück bleibt eine Kraterlandschaft, die abgebrannt und eingeebnet wird, Mi Lay und neuer Industriegrund für die Erste Welt.

Ich erinnerte mich sofort – solcherart musste das Arbeitsgebiet meines Maori-Freundes sein, der wohl in solchen Landschaften mit seinem Irrigator herumfuhr und alle Reste von Waldleben zerfaserte, verdaute und wieder ausspie.

Ich hatte solche Landschaften in etwas kleinerer Form schon ein paar Mal während meiner Reise gesehen, aber das Ausmaß hier erschreckte mich und machte mir den Kontrast, in dem ich mich täglich selbst bewegte, überdeutlich. Die neuseeländische Natur (und nicht nur sie), weltberühmt für ihre Schönheit, ist eigentlich scharf in zwei Teile geteilt.

Der eine ist die Umwelt, in der man lebt, wo man arbeitet, wo das »normale« Leben und Wirtschaften zu Hause ist, das wir kennen. Sie ist meist nicht sonderlich schön, begradigt, ausgeräumt, industrialisiert. Sie ist stark zersiedelt, es gibt viele ähnlich aussehende neuere Häuser, Vorgärten, Garagen und Zäune. Es stehen viele Kühe (oder Schafe) herum, die Felder sind riesig und gerade, wie mit dem Lineal gezogen. Die Wälder sind einheitlich dunkelgrün, nicht alt und von Straßen durchzogen. Manchmal sieht man ein paar Amseln, im Glücksfall ein paar Hirsche. Mehr kennt man (hier) nicht.

Die andere Natur ist ein Museum. Es ist die Natur der Nationalparks und Schutzgebiete, konserviert, vor dem endgültigen Zugriff der Gier geschützt, eine Konzession an das Früher, wie es einmal ausgesehen hat, als es noch »besser« war. Die »gute alte Zeit«. Diese Natur ist schön, sehr vielfältig, wild, mehr sich selbst überlassen und deutlich begrenzt. In diese Natur gehen wir gerne, wenn wir Urlaub haben, wenn wir ausspannen und ein bisschen Wildheit und Abenteuer spüren wollen. Sie ist nicht der Normalfall. Hier macht man keine Geschäfte, hier darf man sich erholen, um wieder fit zu sein für »draußen«, für die eigentliche Welt und das »normale« Wirtschaften, wo solch ein ungestalteter, unterentwickelter Zustand keinen Platz hat.

Kommt Ihnen das bekannt vor? Sieht es rund um Ihre (Klein)Stadt auch so aus und irgendwo, ein, zwei, drei Stunden weit weg, gibt es noch ein paar Flecken, wo Sie am Wochenende gern hinfahren, um in Ruhe wandern, Ski fahren oder campieren zu gehen? Sind Sie auch so jemand, der eigentlich ein unverbesserlicher Sucher von schöner, wenig berührter Gegend ist? Haben Sie auch solch grüne Museen in Ihrem Land?

Natürlich – denn Sie sind wahrscheinlich ein Bürger oder eine Bürgerin der westlichen Welt. Hier ist der größte Teil Ihres Landes fest im Griff des globalisierten Wirtschaftens. Da fahren die großen Saat- und Erntemaschinen hinaus, auf große gerade Flächen, damit es sich rentiert, und säen vereinheitlichtes Saatgut, damit es sich rentiert. Da stehen die großen Tierfabriken und schlachten im Akkord, damit es sich auszahlt. Da werfen die großen Erntemaschinen die einheitlichen Nadelwälder um, damit es sich auszahlt und in den Industriegebieten und den Büros arbeiten die Menschen wie Rädchen einer Maschine, ebenfalls, damit es sich auszahlt. Abweichung, Verschiedenheit, Vielfalt, Unkontrollierbarkeit zahlt sich in den Augen der Macher und Entscheidungsträger nicht aus.

Und dann gibt es die Schutzgebiete, die Nationalparks – die »Naturmuseen« –, damit wir, wenn wir es nicht mehr aushalten, hingehen können, damit wir es dann wieder aushalten. Entschuldigen Sie, ich bin etwas sarkastisch, meine grüne Seele ist laut geworden, denn sie vermisst die Verbindung zwischen Wildem und Urbanem, die Existenz von Vielfalt in beiden Welten und die Heilung von Spaltung.

Ich jedenfalls gehöre und gehörte auf dieser Reise zu den eifrigen »MuseumsbesucherInnen«. Ich realisierte, dass ich mich eigentlich nur noch von Nationalpark zu Nationalpark bewegte – die Welt dazwischen interessierte mich wenig, weil sie zu einheitlich und durchgestaltet und mir sooo bekannt war aus vielen Gegenden der Welt, die unterm Strich ein ordentliches Bruttosozialprodukt vorweisen und sich zum Club der hoch entwickelten Staaten der Ersten Welt zugehörig wissen wollen.

Und in der Tiefe meines Herzens bedauerte ich diese Einseitigkeit – denn ich suchte das Überraschende, Unkontrollierte, Neue und hoffte, ihm überall und jederzeit begegnen zu können – bloß – hier in Neuseeland war es nicht so oder vielleicht konnte ich es einfach nicht sehen. Daher ging ich in die Schutzräume, in das Museum der Wildheit, damit ich mich erinnern konnte, wie sich das anfühlt, die eigene Wildheit, die in der Überraschung und Unkontrolliertheit erblüht.

Unverbundenheit und Macht

Aus den letzten Kapiteln können Sie viel von persönlicher Betroffenheit und Beteiligung lesen. In vielen solcher Situationen des Sabbaticals hatte ich das Gefühl, als würden Erlebnisse und Gesehenes, die ich während der Jahre auf Reisen, aber auch in ganz gewöhnlichen Situationen meines Alltags hatte, kulminieren. Durch den Raum, der mit einer Sabbatzeit entsteht, wird gewissermaßen der Blick schärfer und die Haut dünner. Die Dinge rücken einem näher und man kann nicht mehr wegschauen. Addiert mit vielem, das man früher noch »übersehen« konnte, gibt es irgendwann den berühmten Tropfen, der das Fass zum Überlaufen bringt und man sieht und spürt ziemlich viel, manchmal mehr, als einem lieb ist.

Viele Monate später, lange nach meiner Rückkehr, habe ich für das, was ich im Sabbatical emotional entdeckt hatte, in Büchern eine Stimme gefunden.

Ich möchte Ihnen diese Erkenntnisse nicht vorenthalten:

Die Trennung von Mensch und Natur ist eine Illusion. Hunderttausende von Jahren haben Menschen, auch weil sie mussten und nicht mit den Mitteln ausgerüstet waren, Natur zu beherrschen, als Teil der Natur in ihren Rhythmen und mit ihren Möglichkeiten und Anforderungen gelebt. Die materielle und die geistig/spirituelle Welt waren verbunden wie zwei Seiten einer Münze, als unterschiedliche Ausdrucks- und Erscheinungsform von Energie.

Dies hat sich in den letzten 250 Jahren mit der Aufklärung, und noch einmal verstärkt mit dem Aufkommen des Industriezeitalters, verändert. Die hierarchische Trennung in – einfach gesprochen – Geist und Materie, Intellekt und Gefühl, Mensch und Natur, Mann und Frau brachte uns eine tiefe Entfremdung und Abspaltung von dem Getrennten, dem Anderen, dem Schatten. Natur/Körper/Gefühl/Frau wurden zum Beobachtungs- und Forschungsobjekt, das es zu registrieren, analysieren und zu beherrschen galt. Gefühle, Intuition oder Vision als Wegweiser und Entscheidungshilfe wurden und werden schlichtweg als unwissenschaftlich abgetan. Der »reine Geist«, das analytische, getrennte Denken wurde zum einzigen gültigen Maßstab für Weltwahrnehmung.

Der Mensch als einziges Wesen, das angeblich mit diesem Geist ausgerüstet ist, machte sich zur Krone der Schöpfung. Alle anderen Erscheinungsformen von Leben, alle anderen Wesenheiten wurden als ihm »untertan« eingestuft und können daher benützt, ausgebeutet, geregelt und eingeteilt werden in den menschlichen Plan. Dieser Plan ist ein egoistischer, anthropozentrischer Plan, der alles andere Leben nach seiner Nützlichkeit für unsere Befriedigung bemisst.

Und er bewirkt eine machtvolle, ängstliche und sehr einsame Einstellung dem Leben gegenüber. Der Mensch ist darin zwar an der Spitze der Ordnung, aber umgeben von einer fremden, potentiell feindlichen Umwelt, mit der man nur auf zwei Weisen umgehen kann – sie fest im Griff halten und sie benützen.

Welch traurige, reduzierte Version einer unvorstellbar lebendigen, breiten und leuchtenden Vielfalt der »Schöpfung«! Und welch einsame, isolierte und sinnlose Stellung von uns Menschen inmitten dieses Gebäudes!

Das Resultat dieser Weltanschauung und dieses Wirtschaftens ist überall sichtbar. Ich war hier in Neuseeland gerade durch eine solche Welt gefahren, und ich habe gleiche Umwelten auch auf allen anderen Kontinenten gesehen. Es zeigt das Gestalten der Welt in einem einseitigen, einheitlichen und kontrollierenden Sinn. Und es ist das Resultat eines inneren Zustands der Abspaltung und Getrenntheit von den Dingen, von der Lebendigkeit.

Daraus entsteht ein Zustand der Herz-Losigkeit, in dem wir nicht mehr fühlen können und wollen, dass das Fällen von uraltem Wald auf einer Bergflanke uns ins Schluchzen treiben kann (und soll); dass der Hunger von Menschen und ihr verzweifeltes Ringen um den nächsten Tag uns in Verzweiflung stürzen kann (und soll); dass der Unterschied im Lohn zwischen unterstem und höchstem Niveau von 1:8 000 uns in Empörung versetzen kann (und soll); dass die Manipulation unserer Nahrung durch die Chemiekonzerne und die Lebensmittelindustrie (Stichwort Gentechnologie,

Samenpatentierung, Wasserkontrolle ...) uns in die Wut treiben kann (und soll). Diese Liste ist ewig fortzusetzen und Sie werden diese Theorien wiederfinden in vielen Publikationen der Physik, der Philosophie, der Soziologie, der Psychologie, der Ökologie, des Buddhismus, in den aufgeklärten Richtungen des Islam, des Christentums, des Judentums.

Sie alle sagen zur Lösung unserer Misere – denn wir befinden uns als Menschheit an einer Kante des Seins und der Entscheidung – Ähnliches.

Die hierarchische, vertikale Ordnung muss in die Horizontale gekippt werden, in eine systemische, gleichwertige und -berechtigte Weltsicht, in der wir alle Teile eines großen Netzwerks sind, das sich gegenseitig braucht und bedingt. Und wir brauchen eine Integration aller Seiten und Ansätze, die Welt zu verstehen und in ihr zu leben. Wir sind PartnerInnen im Netz des Lebens in seiner wunderbaren Vielfalt. Und die Eintrittskarte in dieses Netz, in dieses neue Weltbild, ist das Gefühl. Die Fähigkeit, sich einfühlen zu können in andere Lebensformen, in ihre Rechte und Bedürfnisse, und die Fähigkeit zu Mitgefühl mit all diesen Formen und uns selbst werden unsere Welt verändern. Die Eintrittskarte in die Welt der Lebendigkeit ist die Liebe.

Da diese Überlegungen großteils und vor allem in dieser Breite nicht von mir stammen, möchte ich Sie auf die ausführlichen Literaturangaben im Anhang verweisen. Sie werden Sie in diese »neue Welt« führen und – wer weiß – als Diamant ins Netz der Diamanten (ein buddhistisches Bild) einfügen.

Nach einigen Stunden Fahrt und nachdenklichen Betrachtungen kam ich über die letzte Hügelkette und vor und unter mir lag Lake Taupo unter einem düsteren, wolkenverhangenen Abendhimmel. In Serpentinen bewegte ich mich abwärts und erreichte das landesweit bekannte Zentrum der Sportfischerei, das Örtchen Turangi. Das einzige Motel, das mich etwas freundlicher anlächelte, hieß daher auch »Fisherman's Home« und sollte für eine Fisher-Woman gut genug sein. Der mittelfreundliche Inhaber wies mich in ein großes, komfortables, aber dunkles und verrauchtes Zimmer mit Terrassentür zum Schwimmbad, wo ein paar Eltern mit Kleinkindern herumplanschten. Ich setzte mich zur Entspannung in den Jacuzzi daneben und blickte noch recht gut gestimmt und erwartungsvoll in den dunkelgrauen Himmel. Es hatte gerade zu regnen begonnen, was in den nächsten drei Tagen nicht mehr aufhören und meinen Aufenthalt zu einer der schwierigsten Etappen meiner Reise machen würde.

Das Örtchen hatte den üblichen verschlafenen Charme und das übliche, sehr gut organisierte und gestaltete Besuchercenter mit Internetanschluss. Das sollte in den nächsten Tagen mein zweites Wohnzimmer werden und von hier aus würde ich über Computer ein weiteres importiertes europäisches Thema intensiv ausüben – die Kontrolle meiner Mitarbeiter im fernen Wien.

Schlechtes Gewissen

Am nächsten Tag begann ich also den Besuchsreigen im Besuchercenter und klemmte mich hinter den verkabelten Schreibtisch. Immer wieder und schon seit einigen Tagen hatte mich meine ferne Firma sehr beschäftigt. Nun wollte ich genau wissen, was dort gerade passierte und loggte mich ein. Eine Kette von E-Mails begann, wo ich im Detail die Ereignisse und Arbeitsabläufe von meinem Mitarbeiter abfragte. Das Ganze gipfelte dann in konkreten Vorschlägen, wie und zu welchen Projekten was zu tun sei. Und schließlich griff ich spät nachts sogar zum Hörer, um persönlich und mit Nachdruck meine Vorstellungen durchzudrücken.

Erst Widerstand und Gegenwehr meines Mitarbeiters gegen mein kontrollierendes Verhalten brachten mich auf den Boden zurück – dann war es mir ein bisschen peinlich und ich verstand, was ich da tat.

Solche Anfälle von Kontrolle werden jeder/m Selbstständigen in einer Auszeit relativ häufig begegnen. Vielleicht passieren sie einem häufiger, wenn man gerade nicht so gut drauf ist, nicht weiß, was man unternehmen soll, oder irgendeinen Push fürs Ego braucht.

Das einzige Gegenmittel ist durchatmen, sich der äußeren und auch inneren Distanzen bewusst werden, die einen gerade von der üblichen Arbeit trennen und sich nicht so wichtig nehmen. Schwierige Übung, wenn man gerade was zum Anhalten braucht!

Ein weiteres Thema, in der Nähe des vorigen angesiedelt und ebenfalls ein treuer Begleiter jedes leistungsbewussten Auszeitlers, ist schlechtes Gewissen. Die Tatsache, inmitten einer Leistungsgesellschaft nicht zu arbeiten, kommt fast einem Affront gleich und wird von vielen Menschen auch nicht verstanden oder geringschätzig behandelt. Das eigene Überich, die unerbittliche Strenge vor allem sich selbst gegenüber, die so viele von uns als zweite Natur angenommen haben, stimmt dann sofort in den Chor des Unverständnisses mit ein:

Wie kannst du nur dein Unternehmen allein lassen. Du bist eigentlich faul. Während andere fleißig arbeiten, hängst du herum – das ist unsozial. Das kann nicht gut gehen. Ohne dich muss deine Firma abstürzen. Wie kannst du das nur von deinen Mitarbeitern verlangen …

Die Sätze dazu sind unendlich und sie kamen mir in diesen dunklen, verregneten Tagen immer wieder in den Kopf oder sie waren manchmal auch ein diffuses Gefühl des »Ich sollte was tun«, »Ich muss aktiv sein«, »Ich muss mich kümmern, egal wo ich bin«.

Im inneren Dialog mit meiner Strenge legte ich mir eine Art Verteidigungsverhalten zu. Eine viel schwächere Stimme sagte dann: Ja, aber. Es ist doch wichtig. Man kann nicht immer nur arbeiten. Man lädt doch seine Batterien auf und kommt noch leistungsfähiger zurück … usw. usw.

Dass wir irgendwann mit einer Stimme in uns sprechen, die über Freude, Genuss und Schönheit spricht, Arbeiten in und mit der Freude – das dauert bei manchen viele Jahre und braucht ein grundsätzlich gewandeltes Weltbild, viel (Selbst)verzeihen, Weichwerden, einige Tränen und ein großes Herz.

Eine nahe Freundin – die mit den drei Auszeiten – schrieb mir einmal am Ende eines langen Reiseberichts aus den Urwäldern von Brasilien: »Diana, genieße alles, es ist nicht nur ein Recht, es ist eine Verpflichtung!«

Diesen Satz möchte ich Ihnen mitgeben, wenn sich die strenge Stimme meldet, nicht nur in Auszeiten, sondern immer, wenn Sie »sollten«, »müssten« oder wenn Sie sich die Sporen anlegen. Ich glaube, dass wir vielleicht nur mit diesem Satz gute Arbeit machen können, Arbeit, die wir fühlen können und für die wir da sind.

Noch einsamer …

Lake Taupo wurde zu einer Prüfung für mich. Das Wetter war elend und im strömenden Regen war im Außen nicht viel zu machen. Das Angeln, als Hoffnung auf einen schöneren Tag projiziert, würde auch nichts werden, denn die Tageskarte war nur zusammen mit einem Guide zu haben und beide zusammen so teuer wie der Wert von ungefähr einer Woche Übernachtungen, das wollte ich mir nicht leisten. Das Besuchercenter war schon zu gut erkundet und die möglichen Wanderrouten in der Gegend in der Theorie ebenso. Es blieb also nicht viel, außer lesen indoor – bei der düsteren Stimmung meines Zimmers keine gute Idee. Also beschloss ich Tagesausflüge mit dem Auto in nahe gelegene Städte zu machen, in der Hoffnung auf ein schönes Kaffeehaus, ein paar Menschen und ein paar internationale Tageszeitungen. Diese Ausflüge wurden zur reinen Depressions- und Einsamkeitsbekämpfung.

Ich fuhr nach Taupo, der größten irgendwie erreichbaren Stadt. Dort durchstreifte ich das Raster der Hauptstraßen, schaute in die Geschäfte und wurde zur genauen Kennerin der Café- und Restaurantszene. Taupo war total okay, aber ich war es nicht mehr. Ich konnte kaum mehr positiv aufnehmen und mich schwerlich an etwas freuen. Die Einsamkeit und Depression saßen mir im Nacken. Gegen Abend wurde es so schlimm, dass ich an den See ging, wo eine große Fußgängerpromenade entlang führte. Dort mischte ich mich unter die Menschen. Sobald ich eine Gruppe herumstehen sah, Fischer, Bocciaspieler, Menschen um Einkaufsstände, stellte ich mich dazu und begann ein Gespräch, nur um das gallbittere Gefühl aufzulösen, das in mir lastete.

Auf dem Rückweg zum Auto hatte ich dann ein Erlebnis, das mich etwas versöhnte und erleichterte: am örtlichen Campus und in der Universität war eine Gruppe tibetisch-buddhistischer Mönche angekommen, die gerade ein großes Sandmandala anfertigten und für ein interessantes Projekt eines hohen Lama Werbung machten – das Maitrea Projekt, das zum Ziel hatte, die weltgrößte Buddhastatue in einer der ärmsten Ortschaften Indiens zu errichten, mitsamt aller Infrastruktur und dem Nutzen, der für die Menschen dort daraus entstehen würde.

Ich kannte das Projekt aus Wien, die buddhistische Lehre und Praxis waren mir nah und somit auch die Menschen, die dort herumgingen, schnupperten und tratschten. Dort war es nicht schwer, ins Gespräch zu kommen und sogar über etwas zu reden, das einem etwas bedeutete. Ein Abendessen in einem schönen Restaurant mit einem süßen schwulen Ober, der mich verwöhnte, belohnte mich noch mehr. Eigentlich war die Welt doch sehr schön!

Der nächste, erneut verregnete Tag begann wieder mit einem kleinen Rippenstoß der Selbstmotivation. Im Besuchercenter hatte ich ein unscheinbares Flugblatt über ein Autoteilemuseum gefunden, das genau auf der anderen Seite des großen Vulkanmassivs des Ruapehu lag und eine weite Fahrt durch wüstenartige Landschaft an der Rückseite des Vulkans erforderte. Egal! Schlechtes Wetter – egal. Mühsame Fahrerei – egal. Autoteile – egal. Ich brauchte ein Programm. Unter normalen Umständen, in meiner gewohnten Umgebung, käme ich im Leben nicht auf die Idee, solch ein Museum zu besuchen. Autos sind mir so was von egal, und schon gar ihre Teile! Aber ich befand mich nicht in normalen Umständen und kämpfte mit einem Drachen.

An der leichten Absurdität meines Vorhabens sehen Sie die Intensität der Thematik – was man unter besonderen Verhältnissen zu tun geneigt ist, um Themen zu bewältigen.

Und Sie sehen nochmals, dass für alleine und auf eigene Faust Reisende das Thema Einsamkeit ein ganz zentrales ist, dessen Bewältigung Strategie braucht.

Ich fuhr also ins Autoteile-Museum. Die Fahrt dorthin war berückend schön. Eine rot-gelb-schwarze Lava-Wüste ließ mich wie auf einem fremden Planeten fühlen und gab einen Eindruck von der radikalen Gewalt eines Vulkanausbruches. Dann kamen wieder die zahmeren Landschaften und der nächste Regen. Das Museum war unauffindbar. Ich fuhr hin und her an der beschriebenen Stelle, aber da war nur eine Scheune und eine Art aufgelassener Busparkplatz. Bis ich endlich verstand – die Scheune ist das Museum! Ich fädelte meinen Wagen in einen kleinen Erdweg und parkte schließlich mitten im Matsch.

Das »Museum« war das Skurrilste, was ich jemals gesehen hatte. Aber immerhin – es hatte ein Gästebuch, in dem sich eine ganze Reihe internationaler Gäste eingetragen hatten, fast jeden Tag zumindest einer. Ich war also nicht die einzige Wahnsinnige, die diesen Ort besuchte oder die anderen Touristen befiel in dieser Gegend ebenfalls die Einsamkeit und sie retteten sich wohin immer möglich.

In dem riesigen Schuppen waren mehrere Zwischendecken eingezogen, die über ein labyrinthisch verschlungenes Gewirr von Treppen erreicht werden konnten. Der viele Platz war nötig, weil das Unternehmen sich im Lauf der Jahrzehnte offenbar von einer Autowerkstätte in einen Zubehörhandel verwandelt hatte, der durch den Gang der Zeit und die Sammelwut des Inhabers zu einem »Museum« verkommen oder aufgestiegen war – wer konnte das so genau sagen. Es gab zu allen mir bekannten Automarken, wahrscheinlich fünfzig Jahre zurückreichend jedes (!) Teil. Was ich an Varianten von Bakelitblinkern, Armaturenknöpfen, Schalthebeln, Getrieben, Spiegeln, Stoßstangen u.ä. sah, überstieg mein geistiges Fassungsvermögen. Aber die Akribie und Insistenz, dieses sinnlose Unterfangen so weit gebracht zu haben und weiter zu führen, beeindruckten mich zutiefst. Staunend und bester Laune ging ich durch das Museum einer Lebenseinstellung. Wer hat schon so ein Museum und glaubt auch noch daran?

Am Abend auf der Rückfahrt riss endlich der Himmel auf und gab mir den Blick frei auf das wuchtige, fast fünfzig Kilometer lange Massiv des Ruapehu. So mächtige Vulkane hatte ich zuvor nur in Hawaii gesehen und es war klar – am nächsten Tag musste ich hin.

Die drei Vulkane des Tongariro Massivs (Ruapehu, Ngauruhoe und Tongariro) sind allesamt über ein imperial-dekadentes Hotel aus dem Fin de Siècle zugänglich, das für die ersten europäischen Touristen mit gut gefülltem Portemonnaie 1906 errichtet worden war. Heute befindet sich darin die Verwaltung des Tongariro Nationalparks und rundherum ein abenteuerlich hässliches Skidorf, das wohl erst bei hoher Schneelage erträglich ist – ähnlich den Skidörfern in den Alpen, die im Sommer tot und skelettiert unnütz in der Landschaft liegen. Dort fuhr ich hin und mischte mich zuerst unter die Torten essenden Touristenscharen im ehemals eleganten Speisesaal des Hotels. Dann machte ich mich auf den Weg. Durch hohe, feuchte Buschlandschaft führte der Pfad, dann durch niedrige, bis die Vegetation schließlich ganz aufhörte und ich mit dem Element Erde in seiner reinsten Form ganz alleine war – ausgespien aus dem Erdinneren und nun präsent in erkalteten

Lavaformationen oder weiten Sanddünen, die je nach Licht von dunkelstem Umbra zu flammendem Rot changieren. Nach mehreren Stunden Wanderung erreichte ich einen hoch gelegenen Kratersee. Es war schon später Nachmittag und das Wetter schlug binnen kürzester Zeit um. Innerhalb von fünfzehn Minuten befand ich mich in dichtem Nebel und Nieselregen und dankte meiner Bergerfahrung und meinem guten Orientierungssinn, die mich wieder sicher hinunterführten.

Das ungesicherte Leben

Wieder auf der Rückfahrt, wollte ich wegen des schönen Abendlichts, das allmählich durchbrach, noch einen Abstecher an einen kleinen See machen und hatte dabei eine Begegnung, die mir – staunend und beeindruckt – eine Lektion zum Thema »Ungesichertes Leben« erteilen sollte. Ich fuhr eine Sandstraße zum See, auf dem ich von weitem eine Reihe von ungewöhnlichen Wasservögeln sitzen sah, und kam zu einer kleinen Haltemöglichkeit. Ich stieg aus und freute mich auf einen kurzen Spaziergang und ein stilles, meditatives Alleinsein mit dem sinkenden Licht, den Vögeln und meinen Gedanken.

Als ich zum Ufer kam, blieb mir kurz der Atem stehen – dort stand ein ziemlich abgewracktes Auto, die Heckklappe offen und darin ein Chaos an Kochzeug, Schlafsack, Kleidung, Werkzeug und einem Mountain-Bike. Davor ein jüngerer Mann in Badehose, der sich an einem Kocher zu schaffen machte.

Dies war einer der ganz seltenen Momente auf meiner Reise, in dem in mir die typischen Frauenängste hochkamen – ich hatte darüber in Kapitel zwei geschrieben –, die uns so oft hindern, die Wirklichkeit zu sehen und uns unseren Platz darin zu nehmen. Das Bild vom gefährlichen Mann, dazu die üblichen finsteren Phantasien von ganz allein und ausgeliefert Sein, Überfall und Vergewaltigung stiegen auf.

Ich biss die Zähne zusammen, denn schließlich wollte ich zum Wasser, und ging an ihm vorbei. Er beachtete mich gar nicht. Mein romantisches Am-See-Sein war trotzdem eher kurz und angespannt, denn ich beobachtete den Mann dauernd aus den Augenwinkeln.

Beim Zurückgehen, als er noch immer eher uninteressiert an einem Angriff schien und ich meine Paranoia allmählich überwand, sprach ich ihn an – irgendetwas Belangloses über die Mahlzeit aus Kartoffeln, die er gerade zubereitete.

Das Monster verwandelte sich in einen freundlichen Menschen, der mich fragte, ob ich mitessen wolle, was ich ablehnte. Aber einen Tee hätte ich gern, meinte ich. So saßen wir kurz darauf am Boden neben seinem Kocher und tranken eine Tasse miteinander und ich fragte ihn, was ihn hierher brächte, was sich zu einer Erzählung über seine letzten Jahre ausweitete.

Er war ein junger Amerikaner, der seit zwei Jahren auf der ganzen Welt unterwegs war. Nach seinem Universitätsabschluss hatte ihn der Gedanke, ein Teilchen in der herkömmlichen Arbeits- und Karrieremaschinerie zu werden, so sehr angeödet, dass er ausstieg, bevor er überhaupt eingestiegen war. Er beschloss, auf Weltreise zu gehen. Diese hatte dann ihre eigene Dynamik entwickelt und dürfte zu einer stimmigen Lebensform für ihn geworden sein.

Ich fragte ihn mit dem Erstaunen einer Frau, die gerade erst den Kopf aus dem Türspalt ihrer Sicherheitskonstruktionen gesteckt hatte, wie er das alles mache mit dem Geld, der Fortbewegung, der Organisation des Alltags usw. Und er antwortete mir geduldig: auf jedem Kontinent, wo er gerade war, hatte er sich ein altes Auto gekauft. Wenn das Wetter besser war, kampierte er oder wohnte im Auto, wenn es schlechter war, nahm er sich ein billiges Zimmer. Wenn er Geld brauchte, suchte er sich einen Job als Servierer, als Helfer am Bau, in der Erntearbeit, was eben gerade da war und ihm das Nötigste einbrachte. Wenn er Hunger hatte, kaufte er sich in größeren Mengen billige Lebensmittel und kochte auf Vorrat oder er verdingte sich auf Kost und Quartier.

Nun war er gerade sechs Wochen in Neuseeland und hatte sich auf einem der billigen Straßenmärkte für Gebrauchtwagen, die es angeblich in jeder Großstadt gibt (ich wüsste nicht einmal, wo die in meiner Stadt sind), den vor uns stehenden klapprigen Japaner gekauft, der ihm Quartier, Transportmittel, Speisekammer und Küche in einem war.

Ansonsten hatte er offensichtlich alle Bilder und Wünsche von Sicherheit, Leistung, Erfolg oder üblichen Beziehungen abgelegt. Er lebte von Tag zu Tag, von Bedürfnis zu Bedürfnis, von Notwendigkeit zu Notwendigkeit. Und dabei schien er völlig unbesorgt und sicher, selbstgewiss, dass er alles finden und schaffen würde, was er gerade brauchte, was gerade zu tun wäre. Sein Körper und sein positives Wesen waren sein Kapital, das war genug, um zu überleben, für den Rest würde der Himmel sorgen. Und dazwischen genoss er sein Leben, fuhr herum, sah viel von der Welt, traf viele Menschen und *war* einfach.

Ich war zutiefst beeindruckt, denn ich hatte noch nie jemanden getroffen, der derart ungesichert lebte und dabei so ruhig und fröhlich war. Mein neuer Bekannter hatte alles hinter sich gelassen, das unser Leben ausmacht – Job, Wohnung, Beziehung, Versicherung, Rentenanspruch, Leistungsdenken, Zielorientiertheit und das Schulterklopfen derer, die schon einen Schritt weiter im Gleichen sind. Er war ein Außenseiter im wahrsten Sinn des Wortes.

Für die meisten Menschen der westlichen Welt ist so ein Leben wahrscheinlich undenkbar – aus Sicherheitsbedürfnissen, aus Tradition, aus Bequemlichkeit –, aber es ist gut zu wissen, dass es Menschen gibt, die eine andere Lebensform wagen und die Grenzen des Lebbaren und Möglichen weit hinausschieben und damit unseren (Spiel)raum, die Potentialität dessen, was auch noch sein könnte, vergrößern.

Es war ganz dunkel geworden, die Teetasse war längst leer und ich war erstaunt, vergnügt und berührt, denn wieder war mir überraschend und ungeplant ein ganz besonderer Mensch mit seiner ungewöhnlichen Geschichte begegnet. Wir waren einander gewissermaßen am Straßenrand über den Weg gelaufen. Bisher auf meiner Reise waren dies die besten Begegnungen gewesen und ich begann zu ahnen, dass vielleicht nur so, in der Überraschung, dem Unerwarteten und Ungeplanten eine Essenz liegt, ein Resümee, das einmal zu ziehen wäre und das heißt – die Schönheit des Augenblicks.

Die allmähliche Leichtigkeit des Seins

Ein Fahrtag und noch ein Fahrtag, dann war ich an der Ostküste angelangt. Sämtliche Touristenführer und -prospekte hatten die dort liegende Stadt angepriesen: Napier, im Jahr 1931 von einem Erdbeben völlig zerstört, war dann als perfekte Art-déco-Stadt wieder aufgebaut worden und gilt heute als eines der wenigen so komplett erhaltenen Art-déco-Beispiele weltweit.

Napier ist sehr hübsch. Napier hat etwas urbanes Flair – aber was ich nicht wusste –, Napier hat einmal im Jahr ein weltberühmtes Art-déco-Wochenende, und ich war ahnungslos genau zu diesem Wochenende dorthin gekommen. An ein Quartier war nicht zu denken und ich musste viele Kilometer wieder aus der Stadt fahren, um ein schlechtes und teures Bett zu bekommen.

Dafür durfte ich zwei Tage städtische Atmosphäre schnuppern und erlebte ein großes Volksfest im Art-déco-Stil mit. Die einzige Voraussetzung, an diesem Fest bzw. den großen Umzügen wirklich teilnehmen zu dürfen, war eine Verkleidung im Stil der 40er-Jahre und entsprechend distinguiertes Benehmen. Die Stadt war voll von eleganten Menschen in doppelreihigen Anzügen und Paillettenkleidern, voll von wunderbaren Oldtimern und summte von eleganten Empfängen, Five o'Clock Teas und Brunches.

Daneben gab es eine Fülle von BesucherInnen, die als Zaungäste das Geschehen verfolgten. Bei einer der Oldtimerparaden lernte ich ein nettes österreichisches Lehrerehepaar kennen, die auch gerade eine einjährige Auszeit machten und Australien und Neuseeland im Wohnmobil bereisten. Die nächsten beiden Tage wurden leicht und lustig. Wir trafen uns zum Abendessen oder zu morgendlichen Eggs Benedict im schicksten Café der Stadt, gingen auf Paraden und tratschten über unsere Reiseerlebnisse und unser sehr fernes, kleines Heimatland, dessen Tagespolitik und Klima uns gar nicht fehlten.

Und schon ging es wieder weiter. Im Zick-Zack-Kurs fuhr ich wieder ins Landesinnere, diesmal etwas weiter nördlich und steuerte das Thermenzentrum der Nordinsel, Rotorua, am gleichnamigen See gelegen, an. Rotorua ist bekannt für seine zahlreichen Thermalquellen und seine intensive Maorikultur. Die Stadt ist dauernd eingehüllt von einem deftigen Schwefelgeruch, was aber die vielen BesucherInnen nicht abhält, in den diversen Schwefelwässern, die in prachtvollen alten Badehäusern gefasst wurden, zu baden. Das moderne Rotorua ist eine Stadt wie jede andere – Shoppingmalls, Restaurants, Burgerbuden und Kinos machen den TouristInnen das Leben abwechslungsreich. Das – im europäischen Sinn – alte Rotorua aber ist prächtig, kolonial und atmet den Geist des viktorianischen England. Ich beschloss, ein paar Tage zu bleiben und in den warmen Thermalquellen die Seele baumeln zu lassen.

Denn in den letzten Tagen war das Reisen unmerklich leichter geworden und ich begann, mich etwas zu entspannen. Die Schatten des Alleinseins waren nicht mehr so lang und der tägliche Drang nach einem Programm nicht mehr so groß, dazwischen blitzten Gelassenheit, Genuss und eine feine, eigentlich grundlose Freude auf. Vielleicht war es so, weil sich meine Zeit in Neuseeland dem Ende zuneigte und ich nach Wochen des dauernden Erkundens, des permanenten Wechsels und der Ruhelosigkeit allmählich eine Gelassenheit gegenüber all meinen Themen spürte und nun mit

Sicherheit und Selbstbewusstsein schon ein Stück zurückschauen konnte auf viel Erlebtes und gut Bewältigtes.

In den prachtvollen Art-déco-Schwimm- und Tauchbecken des Blue Bath fiel erstmals Druck von mir ab. Ich starrte in die Wolken, neben mir planschten und quietschten ein paar einheimische Kinder und ich freute mich auf die noch verbleibende Zeit. Ich würde noch zirka vierzehn Tage im Land bleiben, um dann nach Australien zu fahren. Und danach würde alles anders sein, denn ich hatte alle meine ursprünglichen Pläne umgestoßen. Die Südinsel Neuseelands, für fast alle TouristInnen ein Muss, würde ich einfach auslassen. Ich würde nicht Kontinent-Hopping betreiben und ununterbrochen weitere sechs Monate unterwegs sein, sondern ich sehnte mich, nach Hause zu kommen, in eine Ruhe und Ungeplantheit, ein Nichtmüssen und dann vielleicht irgendwann wieder Loswollen. Ich hatte einfach genug von der Durchstrukturiertheit meiner Tage, hatte auch ein Stück genug vom Alleinesein und wünschte mir einen weicheren, stilleren und unbesonderen (im Sinne von weniger großen herzeigbaren Zielen) Umgang mit meiner freien Zeit.

Dieser Schritt von der Planung und dem – auch vor sich selbst – Präsentierbaren weg ist glaube ich ein ganz entscheidender in einer Auszeit. Er gelingt vielleicht erst in einer späteren Phase, wenn die ersten dringenden Wünsche absolviert sind und die drängendsten inneren Bilder durchlebt und genau überprüft wurden. Nach dieser Phase hält ein größerer Realismus Einzug und der »nutzwert-orientierte« Umgang mit der eigenen freien Zeit kann wegfallen. Viele Erlebnisse liegen schon hinter einem, einige Erfahrungen wurden gemacht und Bilder zurechtgerückt. Manches war neu und genussvoll, manches, im besten Sinne, ent-täuschend. Dieses

Schwinden der Bilder macht der »Realität« Platz, dem Sein. In dieser Phase entsteht Raum für Stille, für weniger planen, wo man sich und auch die Umwelt sein lassen kann.

Ich bekam erstmals eine Ahnung von diesen größeren und ruhigeren Räumen, was mir die Möglichkeit verschaffte, der verbleibenden Zeit in Neuseeland mit etwas weniger Struktur und Programm entgegenzusehen.

Am selben Abend ging ich erstmals in all dieser Zeit ins Kino, einen richtigen harmlosen Liebesfilm ansehen, was für mich immer ein gutes Zeichen für Relaxen ist. Am nächsten Tag brunchte ich stundenlang in einem entzückenden kleinen Gartencafé, und selbst meine Herberge, ein billiges Motel mit viel Plastikrüschen, vielen, offenbar ebenfalls sparsamen asiatischen Familien und zu vielen Kindern, stresste mich nicht mehr.

An den äußerlichen Tagesabläufen änderte sich kaum etwas. Natürlich hatte ich weiter einiges vor, legte mir Tagestouren und Routen zurecht, machte »Programm«, aber innerlich war eine feine Verschiebung passiert. Die Einstellung zu meinem Tun, dem Aktivseinmüssen, dem Umsetzen und Verwerten, war anders geworden. Ich hatte – nach über zwei Monaten (!) – endlich Freude an meinem Reisen, meinem Leben, wie es gerade hier und jetzt war. Ich konnte endlich in Offenheit genau an dem Ort sein, wo ich gerade war, ohne Wegwollen, ohne Gedankenflüge, die mich weit weg trugen, ohne in einer nicht mehr vorhandenen Vergangenheit oder einer noch nicht vorhandenen Zukunft mental herumzuschwirren.

… und die Freude?

Freude – was für ein zentrales Wort, was für ein zentrales Gefühl, von den meisten von uns als Konjunktiv gebraucht. Freude ist flüchtig, nicht zu »machen« und herzustellen, nicht festzuhalten. Sie ist genauso ungreifbar wie die fast nicht vorhandene Linie zwischen Vergangenheit und Zukunft – wie ihre Schwester, das Jetzt. Freude und Jetzt gehören zusammen. Freude ist das Gegenteil von Planung, Einteilung und Kontrolle. Und ihr Auftauchen ist ein wichtiger Indikator. Wenn sie in uns hochsteigt, wenn wir ihre Stimme hören, spüren wir – jetzt ist es richtig und wir können und wollen jetzt, in diesem Moment, bleiben.

Obwohl jeder Mensch diesen Zustand, wenn auch nur für kürzeste Momente, kennt und ihm sein ganzes Leben nachgeht, um ihn immer wieder zu spüren, wird Freude kaum als Gradmesser, als deutlicher Hinweis für Stimmigkeit und für das »So ist es gut« verwendet. In unserer dualistischen Lebensweise einer Trennung von Intellekt und Gefühl, von Materiellem und Immateriellem, von Öffentlich und Privat, hat Freude höchstens den Stellenwert einer sehr persönlichen Gefühlsaufwallung ohne größere Bedeutung oder gar Entscheidungskraft.

In den meisten Berufslaufbahnen nach westlichem Stil ist die Bewertungsskala für Handlungen rational, zweck- und ergebnisorientiert. Die Anwendung von Gefühlen als Handlungskriterium oder Entscheidungshilfe ist unüblich bis verpönt und wird ins Privatleben abgeschoben oder überhaupt verdrängt. Freudigkeit und Wohlfühlen bei einer Tätigkeit sind aber vielleicht die einzig gültigen Kriterien für ihr Wirkungsvoll- und Richtigsein.

Denn was wäre sonst der Antrieb, gewissermaßen das Benzin, das uns auf einen Weg bringt, uns dort hält oder spüren lässt, wann es Zeit ist, die Richtung zu ändern? Das ist nicht nur gültig für die großen, »offiziellen« Unternehmungen, sondern für alles Handeln.

Ob man im Büro sitzt, um Dinge mit Erfolg umzusetzen, ob man MitarbeiterInnen führt oder von Vorgesetzten geführt wird, ob man »Privates« tut, wie Beziehungsentscheidungen treffen, Ausbildungen machen, Unternehmungen planen – eine gute Frage ist immer: *»Habe ich Freude daran?«*, *»Ist es gut?«*

Sie werden mir Naivität vorwerfen, da das Leben andere Kriterien hat, hart ist, Schwierigkeiten und Schmerzen mit sich bringt. Ja, natürlich, wir leben nicht jede Minute in der Freude, aber sie als Ausrichtung zu haben, sie immer wieder als Kriterium anzulegen, ist wichtig, ist eigentlich sehr radikal und dreht sanft und schön das Unterste zuoberst.

Wenn Sie über die Freude Ihr Leben gestalten, verändert sich alles.

Für meine Unternehmungen zwischen Thermalquellen, meinem grauen Auto oder dem Kino klingt das alles ziemlich pathetisch, aber selbst bei diesen banalen, unbesonderen Alltagsdingen und zwar *egal*, bei welchen, hatte sich Freude als einzig gültiger Maßstab gezeigt. Ich war schon über 5 000 km kreuz und quer durch ein fremdes Land gefahren, in das ich große Erwartungen gesetzt hatte. Ich hatte alle möglichen Erlebnisse gehabt, beeindruckende Dinge gesehen, die großen Ziele dieses Landes abgefahren, aber »gebracht« hat es nur etwas, wenn die Freude gekommen ist. Und sie kam nicht, wenn sie »sollte«, wenn sie eigentlich angesagt gewesen wäre. Nein, hier, in einem hässlichen Kinovorraum, nach einem amerikanischen B-Movie, war sie plötzlich da. Oder im Urwaldfluss bei einem spontanen Spaziergang im Wald, oder vor ein paar Tagen, auf einem Parkplatz, in einer reichlich unbesonderen Landschaft, als die Wolken über mir so unglaublich schön waren, da stand sie auf einmal an meiner Seite.

Sie würde gleich wieder gehen, weil sie flüchtig ist, aber sie würde wiederkommen, wenn es gut war, wenn es richtig war – und ich verstand ein Stück, dass dieses Gefühl, egal wo, egal wobei, der Gradmesser ist.

Dann kam schon die vorletzte Station meiner Neuseelandreise auf mich zu. In einem kurzen Sprung fuhr ich an die Ostküste, bereits mit der Nase nach Norden, wieder nach Auckland gerichtet. Von der Küstenstadt Tauranga ist mir nicht viel in Erinnerung, außer das Quartier in einem schönen Studio eines Frauen-Bed&Breakfast und meine ungewollte Rolle als Paartherapeutin für ein unglückliches älteres Frauenpaar bzw. den einen Teil dieses Paares. Deren Haus, als Lhasa-House im Internet positiv und komfortabel präsentiert, hatte mich angelockt und ich hatte mich auf ein paar Tage in Frauenkreisen gefreut. Daher war ich einigermaßen enttäuscht, als mich zwei griesgrämige, abweisende Frauen empfingen, die mir gerade das Notwendigste in meinem Studio zeigten und schnell wieder entschwanden. Die eine der beiden würde ich überhaupt nicht mehr sehen. Mit der anderen aber entwickelte sich in der kurzen Zeit, in der ich da war, eine freundliche Begegnung. Sie suchte offenbar meine Nähe und vor allem ein offenes Ohr, um sich über ihre Beziehungsprobleme aussprechen zu können. So saß mir am Frühstückstisch bald eine nachdenkliche, manchmal sarkastische Frau in ihren Fünfzigern gegenüber, die endlich jemand zum Reden hatte, deren Vorteil darin bestand, eine Fremde zu sein.

Was ich hörte, kann man an jedem Ort dieser Welt hören und es passiert in fast jeder Liebesbeziehung. Mir war es gut bekannt. Sie erzählte von einer Beziehung, die ihren Zenit überschritten hatte, von zu wenig Bemühungen beiderseits, das wieder zu ändern, von zu zweit Einsamsein, von Keine-Worte-mehr-Finden, vom Schwinden des Begehrens, von stummer Sehnsucht, von Streit und Gewalt.

Traurig und doch so real, selbst am Ende der Welt, selbst zwischen einem Frauenpaar.

Runder Abschied

Fünf Tage vor meinem Abflug nach Australien begann schließlich die letzte Etappe und sie wurde zu einem unerwarteten Highlight und nachgerade krönenden Abschluss der letzten zwei Monate. Coromandel Peninsula, eine langgestreckte zerklüftete Halbinsel, genau gegenüber von Auckland, von dieser Stadt nur durch den Hauraki Golf getrennt, lag vor mir. In Coromandel bedeutet Zeit, Wirtschaften und Geld verdienen nichts. Hier leben Maler, Töpfer, Schnitzer, spirituelle Gemeinschaften und Althippies – alles Menschen, die etwas anders machen wollen in ihrem Leben, und die Landschaft von Coromandel bietet ihnen die idealen Voraussetzungen dafür. Es ist eine kleinteilige, bergige Landschaft, wo eine Bucht auf die andere folgt, ein kleines altes Örtchen aufs nächste. Hier ist kein Platz für große Fabriken, Industrieanlagen oder Anpflanzungen. In Coromandel muss alles ein Stück kleiner bleiben.

Ich tat etwas, das ich wahrscheinlich schon zu Beginn meiner Reise hätte tun sollen, dann hätte ich das Thema Einsamkeit besser im Griff gehabt – ich quartierte mich in einer Backpacker-Herberge ein. Normalerweise hatte ich diese Unterkünfte mit Misstrauen beäugt, denn oft waren sie überfüllt mit Zwanzigjährigen, schäbig, und am Abend floss zu viel Alkohol. Hier aber war alles anders. Wieder ganz zufällig war ich in einer kleinen Bucht auf ein Hinweisschild eines Tramper-Hostels gestoßen, und da in der Umgebung nichts anderes aufzutreiben war, beschloss ich, es mir einmal anzusehen.

Direkt am Strand standen zwei kleine Holzhäuser, eines gehörte dem äußerst freundlichen Besitzer der Anlage, das andere war das Gästehaus. Alles war neu gebaut und neben einem Gruppenlager und Mehrbettzimmern gab es auch zwei Einzelzimmer – und eines war für mich frei. Auf der vorgelagerten Terrasse saßen nette Leute – das konnte eigentlich nur gut gehen!

Die nächsten Tage belohnten mich mit gemeinsam gekochten Abendessen, so manchem schönen Gespräch, interessanten Menschen aus aller Welt und genug Freiraum und Rückzug für mich selbst.

Conclusio für skeptische und etwas verwöhnte Alleinreisende: wenn Sie einen genauen Blick auf Größe, Qualität und Lage des eventuellen Quartiers werfen, sind Herbergen für Rucksacktouristen eine durchaus gute Alternative. Und ihr einzigartiger Vorteil sind die Menschen, die schon da sind und in einer ähnlichen Situation wie Sie ein Land bereisen. Sie werden auf jeden Fall auf nette Exemplare darunter stoßen und der Gesprächsstoff wird nie ausgehen. Vielleicht kommt dabei sogar eine zeitweilige Reisegemeinschaft heraus.

Einsam werden Sie in dieser Konstellation jedenfalls nie sein, und wenn Sie das Thema vermeiden wollen, kann ich diese Reiseform nur empfehlen.

Die Erkundung von Coromandel Island entspricht einer Reise durch die Geschichte der letzten 150 Jahre, der Geschichte der europäischen Kolonisierung und Industrialisierung. 1852 hatte man hier erstmals Gold gefunden. Daraufhin schwappte ein Goldrausch über die Halbinsel hinweg und Tausende Bergarbeiter im Sold von britischen Schürfunternehmen oder Glücksritter auf eigene Faust gruben sich in einem Netz von Stollen in die Berge. Zusätzlich war die Halbinsel reich an Kauri-Urwäldern, die bald in ebensolcher Konsequenz und Schnelligkeit ausgebeutet wurden. Nach einigen Jahrzehnten war der Spuk vorbei und die Karawane zog weiter. Die Orte an der Küste, die zu veritablen Städten angewachsen waren, glitten zurück in ein stilles Dorfdasein.

Noch heute kann man die Spuren dieser Jahre sehen. In kleinen Projekten engagierter, idealistischer Leute kann man alte Goldwaschanlagen besichtigen, die noch immer arbeiten, Schauminen, die dank jener Menschen noch nicht zugeschüttet wurden, oder Holzfällermuseen, die liebevoll jeden Gegenstand und jedes Foto aus dieser Zeit bewahren und zusammenhalten. Aber auch in der Natur sind die Spuren noch da und für den genauen Blick immer noch sichtbar.

Eine meiner schönsten Wanderungen in diesen zwei Monaten führte mich durch ein Flusstal tief in die Berge. Eine Hängebrücke leitete mich schließlich über den Fluss und dann ging es nur noch steil bergauf. Beim ersten Hinsehen war alles wunderbar. Im Tal im Holzfällermuseum hatte ich alte Aufnahmen genau dieses Tales gesehen – zu jener Zeit waren die Berge durch die Abholzung völlig kahl gewesen, heute wanderte ich durch üppigen, fast urwaldartigen Mischwald. Die Natur hatte sich scheinbar völlig erholt und doch – sie hatte sich andererseits nie wieder erholt.

Der Weg, den ich hinaufkeuchte, war in seiner ganzen Länge von vielen, vielen Kilometern aus Steinen aufgeschichtet. Er bildete das Bett einer Eisenbahntraße, die vor 130 Jahren in einer unglaublichen Ingenieurs- und Arbeitsleistung in die höchsten Bergregionen von Coromandel hinaufgezogen worden war. Noch immer konnte ich die Schienenreste aus dieser Zeit vor mir liegen sehen, als fast unvergängliches Industriemuseum in einer Landschaft, deren Wunden sich geschlossen hatten. Damals war hier eine Transportbahn gelaufen, die mit einem ausgeklügelten Seilzugsystem die Lasten zu Tal gebracht hatte. Und die Lasten waren die riesigen Stämme von Edelhölzern gewesen. Nur um sie nutzbar machen und abtransportieren zu können, hatte man vor 130 Jahren ohne Schonung von Arbeitskraft und Menschenleben dieses Wahnsinnsprojekt realisiert. Die mächtigen Kauri-, Rimu- und Totarabäume sind nie wieder nachgewachsen und nur an den steilsten, unzugänglichsten Stellen überragen noch einige Überbleibsel aus dieser Zeit das Dach des darunter liegenden Waldes.

Ich ging bewegt durch diese Landschaft – schmerzlich berührt und doch auch versöhnt und getröstet. Ich sah an jeder Stelle des Weges die Veränderung und Vergänglichkeit von menschlichem Handeln durch die Zeit. Jede Spur, jede Verletzung, aber auch jede Leistung wird durch die Zeit gemildert oder getilgt. Und gleichzeitig sah ich auch den unwiederbringlichen Verlust von Lebensformen und Landschaft. Auslöschung ist irreversibel. Aber es kommen andere Lebensweisen und neue Erscheinungsformen, die ich jetzt durchschritt und deren Schönheit mich beglückte. Ein wildes Hochtal, von Bächen durchzogen und üppigem Wald bedeckt, vom rostenden Eisen und den Steinwegen nur noch marginal geprägt, öffnete sich vor mir und ich wanderte als Staunende, Nachdenkliche und Beglückte hindurch. Ich hatte noch nie Geschichte in der Landschaft so deutlich wahrgenommen und darüber Lebensprinzipien erfahren – dieses Hochtal auf der Coromandel Halbinsel lehrte sie mich.

Sehen und Nicht-sehen-Können

Sie konnten in den letzten Kapiteln einiges Kritische über den Zustand der Welt lesen, zu Industrialisierung, Natur, Umweltzerstörung und Kontrolle. Einige von ihnen werden dem zustimmen können, andere werden gar nichts daran finden und es vielleicht für überzogen halten. Sie merken – alles eine Frage des Blickwinkels. Und schon sind wir mitten im nächsten Thema, das einen Reisenden in der Sabbatzeit dauernd begleitet, seine und ihre Zufriedenheit bestimmt, sie glücklich oder unglücklich macht.

Es ist die Frage des Blicks auf die Dinge in der Außenwelt. Unsere Erfahrungen, Gewohnheiten und Meinungen prägen unseren Blick. Schon lange, bevor Sie aufbrechen, egal, ob es eine innere oder äußere Reise ist, haben Sie Ihr Paket mit dabei an Vorstellungen und Ideen, wie Sie etwas kennen und auch wie etwas auszusehen hat. Sie haben viel im ersten Kapitel über Projektionen und idealisierende Bilder gelesen, die da sind, solange etwas noch nicht Realität geworden ist. Nun sind wir einen Schritt weiter – nämlich welche Bilder begleiten Sie, wenn Sie mitten in dem jeweiligen Erleben sind, das Sie angesteuert haben? Diese Bilder formen ununterbrochen Ihre Außenwelt und Ihr Erleben, manchmal ziemlich unabhängig davon, wie diese aussieht.

Ich war vom fernen Europa gekommen mit dem Wunsch, schöne unberührte Natur und vom industriellen Wirtschaften unbeeinflusste Landschaft vorzufinden. Und ich hatte relativ fixe Vorstellungen, wie die auszusehen hatten. Meine Erfahrungen und Erlebnisse hatten dieses Bild geprägt. Ich machte mich auf die Suche nach diesem Bild, und als ich nicht genau das fand, was in meinem Kopf lebte, war ich unzufrieden. Sie haben einiges von dieser Unzufriedenheit in den letzten Kapiteln gespürt. Was ich sah, war richtig, denn ich nahm Vorgänge und Resultate von Handeln wahr – was aber sah ich nicht? Was ist mir entgangen an den schönen Dingen, die trotzdem und immer da sind – ein Windstoß, die Freundlichkeit eines Menschen, blühende Unkräuter in den Betonritzen einer Straße, Musik aus den Fenstern darüber.

Das ist ein zentraler Punkt: Wenn wir uns mit vorgefassten Vorstellungen auf den Weg machen, sehen wir vieles nicht und versäumen so manches. Und wir haben immer vorgefasste Vorstellungen, bloß wissen sollten wir das.

Wenn Sie unterwegs sind auf dem Weg Ihrer Auszeit und Sie sind unzufrieden, überlegen Sie, was Ihre Unzufriedenheit ausmacht, welche Erwartungen Sie vielleicht haben. Sehen Sie sich die Situation genau an. Wenn es für Sie nicht komisch ist, sprechen Sie mit der Situation und fragen Sie: *Was hast du noch für mich?* Wiederholen Sie diese Frage wieder und wieder. Und nach und nach werden Sie vielleicht sehr viel Schönes und Unerwartetes in den Antworten sehen, die Sie bekommen.

Denn in dem, was wir nicht kennen oder gewöhnt sind, blüht immer eine ganz neue Schönheit, die eine Überraschung für Sie hat.

Ich war unglücklich, weil ich nicht so ganz fand, was ich suchte. Allmählich war ich aber in der Lage, das auch zu akzeptieren und schaute auf das, was noch da war – und eine neue, unbesondere Schönheit war auf einmal in den Dingen.

Wir sollten uns immer bewusst sein, dass wir durch ein Fenster schauen, das wir selbst gebaut haben. Wenn wir das Fenster vergrößern oder auf die andere Seite des Hauses gehen und durch ein anderes Fenster blicken oder uns gar vor das Haus setzen, wird die Welt anders – auch wenn vieles schwierig und nicht gut ist – und wir verlieren den Blick der Bewertung und Dualität.

Down Under

High Life

Ich klammerte mich wieder einmal an die Armlehnen meines Sitzes, als das Flugzeug abhob Richtung Sydney. Mein Nachbar war eindeutig lockerer – er trank schon sein zweites Fläschchen Champagner, das er von einem sehr charmanten Steward sehr charmant in Empfang genommen hatte, und wir kamen ins Plaudern. Er war auch Steward, allerdings auf Urlaub und sein einziges Urlaubsziel war – der weltberühmte Mardi Gras in Sydney. Der Mardi Gras, das Mekka aller Schwulen und Lesben dieser Welt, aller Unkonventionellen, Unangepassten, Schrillen und basispolitisch Arbeitenden. Diese Veranstaltung ist die größte und schillerndste Parade ihrer Art, ein Höhepunkt der Exzentrik, der Lebensfreude und des Engagements, mit Hunderttausenden von Menschen aus aller Welt. Ja – da wollte ich auch hin.

Vor drei Wochen in Neuseeland, als ich ein bisschen depressiv im Nowhereland saß, war ich draufgekommen, dass dieses Event bald steigen würde und ich das unglaubliche

Glück hatte, ziemlich in der Nähe zu sein – und ich hatte umgebucht.

Neuseeland, dieses kleine Land am Rande der Welt, voll der Schönheit, aber auch sehr durchstrukturiert und kontrolliert, im Besitz der Schafe und der Menschen, lag hinter mir. Und Australien, der riesige Kontinent mit der Breite Nordamerikas, trocken und wild, zivilisiert und urban, mit dem Zauber des Unbekannten, lag vor mir. Ich war aufgeregt und voll der Freude, denn ich erwartete mir ein Kontrastprogramm. Und das würde ich bekommen!

Am Flughafen, als der Beamte der Einwanderungsbehörde mir mit ernster Miene die übliche Frage nach dem Grund meines Hierseins stellte, antwortete ich einfach – Mardi Gras. Auf seinem Gesicht erschien ein breites, freundliches Grinsen und er sagte nur »Welcome to the Sydney Mardi Gras«. Und dann überschritten wir beide eindeutig und genüsslich seine beruflichen Grenzen, denn ich fragte ihn gleich nach allen möglichen Infos, Ansprechadressen und Örtlichkeiten. Und er verließ allen Ernstes seine Abfertigungsbox, rannte ins Büro und holte mir eine Reihe von Telefonnummern und Adressen, wo ich das Gewünschte erfahren könnte.

Ich fühlte mich sehr willkommen. Auch die freundlichen Tierdamen von der National Beagle Brigade empfingen mich mit Gewedel und ließen mich passieren. Und schon saß ich im Taxi, das mich nach Darlinghurst, einem westlichen Stadtviertel in Zentrumsnähe, brachte. Das Hotel hatte ich auf gut Glück aus einem Sydneyführer gebucht. Es war ein kleines, schickes und sehr schwules Ding – aber was war zu Mardi Gras nicht schwul! – am Rande einer Baustelle mit einer Bar im Erdgeschoss. Beides Garanten für eine schlechte Nachtruhe. Das Zimmer im ersten Stock verweigerte ich, das

im zweiten, cool, weiß, supermodern auf heißen zehn Quadratmetern und zu einem stolzen Preis – aber was war zu Mardi Gras nicht teuer! – würde die nächste Woche, die ich hier bleiben wollte, erträglich machen.
Ich fühlte mich aufgeregt, vibrierend, jung und in den Startlöchern für große Taten und große Tage.

Im Dickicht der Städte

Sie werden sich fragen, und ich frage mich das eigentlich selber dauernd, was eine Frau, die so sehr mit der Natur verbunden ist und Wildnis, ja Wildheit und Unberührtheit sucht, in Megalopolis, einer wirklichen Großstadt, zu suchen hat. Es ist absurd, aber je größer, lebendiger, vielfältiger und unkontrollierbarer eine Stadt ist, desto wohler fühle ich mich.

Ich hatte vor zehn Jahren ein halbes Jahr in Manhattan, New York gelebt – meine erste wirkliche Großstadt. Nach schrecklichen Anfangsängsten lernte ich dieses wunderbare, neugierige, wilde Gefühl kennen und lieben, das mich auch hier wieder befiel.

Ich wage wieder einmal eine These aufzustellen, mit keinerlei Anspruch auf irgendeine Gültigkeit: Der gemeinsame Nenner zwischen NATUR (großgeschrieben!) und STADT (großgeschrieben!) scheint pulsierende Lebendigkeit, Vielfalt, Unkontrollierbarkeit und ein wildes, anarchisches Element zu sein. Das Leben, das sich mit einer unglaublichen Power und Breite zeigt und nicht in engen Bahnen fließen kann. Der Dschungel der Großstadt ähnelt dem wilden Wald draußen und beide sind – für mich – wunderschön und ein Lebenselixier. Dieses urbane Dickicht begann ich nun genüsslich zu durchstreifen.

Sydney, im Südosten des Kontinents, im Bundesstaat New South Wales gelegen, hat eine der schönsten Lagen, die man sich nur vorstellen kann. Direkt am Meer gebaut, allerdings durch eine große, verästelte Bucht geschützt, ist es eine Stadt der Wasserwege, des milden Klimas, der vielen, vielen Badebuchten, der großartigen Architektur und der hübschen intimen Stadtviertel mit ihrem jeweils besonderen Flair. Das Zentrum strahlt internationale Atmosphäre aus und zeigt das durch eine Ansammlung von Hochhäusern, die den Finanz- und Verwaltungsplatz der Stadt bilden. Vorgelagert auf einer Landzunge liegt das spektakuläre Opernhaus, das wie eine halbe aufgestellte Lotosblüte mit einer glitzernden Haut aus weißer Keramik zum Wahrzeichen der Stadt wurde. Daneben liegt der Fährhafen mit der Betriebsamkeit eines großen Busbahnhofs, dessen Schiffe die Menschen von den umliegenden Ufern der Harbour Bay ins Zentrum und wieder retour bringen. Das grüne Herz der Stadt ist ein riesiger Park, in dem der Royal Botanic Garden und prächtige japanische Gärten angelegt sind, große Wiesen und Teiche liegen, gelb-weiße und grau-rosa Kakadus fliegen, Enten watscheln – und erholungshungrige Stadtmenschen auf dem Rasen liegen, schlafen, picknicken und lesen.

Ich mischte mich unter sie und begann zu streunen. Vom Finanz- und Hafenviertel *The Rocks*, wo man die besten Opale kaufen kann, hinüber zum Opernhaus und seiner mondänen Fußgängerpromenade. Neben den gleißenden Blütenblättern der Opernarchitektur lässt es sich wunderbar Cappuccino trinken und nebenan kann man Menschen aus aller Welt dabei beobachten, wie sie ebensolches tun.

Der Blick wandert dann weiter zur spektakulären Sydney-Harbour-Bridge, auf deren hochgespanntem Eisenrücken, einer genialen Konstruktion aus den letzten Jahren des 19. Jahrhunderts, Touristen in Klettergurten aneinandergeleint Brückenbesteigungen in schwindelnden Höhen machen. Ich sah mir das lieber von unten an und wanderte mit den Augen weiter zum Sydney Zoo, der auf der anderen Seite der Bucht auf einem Hügel liegt. Die Lage und seine indisch anmutenden Elefanten- und Raubtierhäuser machen ihn zu einem attraktiven Ausflugsziel. Wenn Sie Sydney in voller Schönheit etwas von der Ferne aus betrachten wollen, fahren Sie unbedingt über die Bucht in den Zoo.

Auch für mich sollte das in einigen Tagen ein schöner Ausflug werden und ich konnte endlich mein Lieblingstier, eines der sonderbarsten Eier legenden Ur-Säugetiere der Welt, das Schnabeltier, besuchen. In einem Nachthaus lebend, scheu und mit Dauerhunger auf Scampi, erfreut es die ZuschauerInnen mit seinem Aussehen, seiner Zartheit und Wendigkeit (ein Schnabel vorne und ein schnabelartiger Schwanz hinten machen es zu einem scheinbar symmetrisch funktionierenden Wesen, das – wer sieht das so genau – mit beiden Enden voran durchs Wasser flitzen kann).

Wenn frau shoppen gehen möchte, geht sie ins Viertel um Darling Harbour und in die Strand-Arkaden. Wenn sie es schriller mag, in die Oxford Street in Darlinghurst. Wenn sie es beschaulicher mag, rückt sie weiter nach Westen und geht ins Viertel Haymarket oder richtig exotisch ins anschließende Chinatown. Wenn sie Kultur sucht, bietet Sydney eine Fülle von Museen und Theatern.

Was mich am stärksten beeindruckte, war eine umfassende Schau im Sydney Museum über die indigene Bevölkerung Australiens, die Aborigines. Diese waren bis in die 60er-Jahre des gerade vergangenen Jahrhunderts schrecklich und absurd behandelt worden. Sie wurden als Arbeitssklaven gehalten, es gab strikte »Rassentrennung« und ihre Kinder wurden ihnen oft weggenommen, um sie zu Weißen umzuerziehen. Zwar sind die Aborigines heute eine rechtlich anerkannte Minderheit, die sich teilweise selbstbewusst behauptet und ihre Rechte und ihr altes Land einfordert. Trotzdem sind ihre Lebensbedingungen schlecht und sie befinden sich noch immer am untersten Rand der Gesellschaft, in eigenen Armensiedlungen, mit Alkohol- und Drogenproblemen. Nur ihre Kunst über die spirituelle Welt der Traumzeit hat international Anerkennung gefunden und erzielt weltweit Spitzenpreise.

So öffnete sich die Stadt vor mir wie ein vielseitiges Buch. Ich genoss ihre Schönheit, ihre Liberalität und ihr Laisser-faire, in dem die schrillsten Drag-Queens ebenso Platz haben wie der konservative Farmer aus den Plains des Landesinneren. Ich genoss ihre Küche aus allen Teilen der Welt mit besonderem Gewicht auf Asien, die – wohl wegen der relativen Nähe von Indonesien – besonders köstlich und raffiniert ist.

Ich genoss ihre zerklüftete Küstenlinie, die – mitten in der Stadt – eine Fülle von Badebuchten aufzuweisen hat und ich genoss die offenen, freundlichen, engagierten Menschen, die viel Platz für und Interesse an unterschiedlichen Lebensweisen haben.

Aber es war ein Hauptereignis, auf das sich in diesen Tagen des März 2002 alle Energien richteten und fokussierten. Die Stadt bereitete sich auf den Mardi Gras vor. Bei jährlich fast 500 000 Besuchern ist das kein simples Unterfangen. In den letzten Tagen waren zig zusätzliche Flüge aus den USA und Europa eingetroffen, die Hotels waren ausgebucht und die Gäste erwarteten sich Besonderes. Schon eine Woche vor dem eigentlichen Event startete ein Kulturfestival mit schrägen Off-Theatergruppen, Kabarett, Konzerten junger nationaler und internationaler Bands und mit politischen Diskussionen und Lesungen.

Die eigentliche Parade lag nun einige Tage vor mir. Um an ihr teilnehmen zu können, stellt man und frau sich nicht wie überall in der Welt einfach an den Straßenrand oder marschiert ein paar hundert Meter mit. Nein – es bedarf einer komplizierten und ziemlich teuren Prozedur der Registrierung beim Organisationsverein. Erst dann ist man berechtigt, – noch teurere – Tickets zu kaufen und erst mit diesen darf man sich an den Straßenrand stellen und zusehen und anschließend auf eine Megaparty gehen.

Ich trat also ein in den genau choreographierten Reigen des Ablaufs. Die Registrierung lief gut ab. Dann reiste ich mit dem Bus in einen Randbezirk Sydneys zum zentralen Veranstaltungsbüro, um die Karten abzuholen – zum Zusenden war es längst zu spät – und bekam mit der Abholung gleich eine kleine Exkursion durch die zentralen Kulissen- und Kostümwerkstätten der Parade.

Schließlich kam der Tag X. In meinem Hotel wurden die letzten Kostüme und Perücken der Tuntenfraktion auffrisiert, die letzten Uniformen und Lederhosen der Hardcore-Typen geölt. Wer noch gar nichts hatte, kaufte noch schnell in den schwulen Läden der Oxford-Street irgendetwas Glitzerndes. Dann noch ein paar Tassen Kaffee, etwas zur Stärkung, und los ging's.

Das Hotel hatte auf einer der Durchzugsstraßen eine Dachterrasse gemietet, die den Gästen einen Superblick auf den Zug von oben erlaubte. Am späten Nachmittag begannen die Massen zur Durchzugsroute zu strömen. Diese war mit Tretgittern abgesperrt, damit niemand die genau festgelegte

Abfolge von angemeldeten Gruppen stören konnte. An den Straßenrändern waren teilweise, wie im Karneval von Rio, Tribünen aufgebaut, die man – wieder nur mit saftigem Eintritt – betreten durfte, um bessere Sicht zu haben. Ich machte mich also auch auf die Reise zu unserer Dachterrasse, entging nur knapp dem Inhalt eines Wasserkübels eines lieben Zeitgenossen aus einem oberen Stockwerk des anliegenden Hauses und hatte mich schließlich durchgeschlagen.

Im Sonnenuntergang stand ich zusammen mit muskulösen jungen Männern, glitzernden Kostümdiven, anschmiegsamen weiblichen Modeltypen und ein paar herben Bierflaschenfrauen über den Dächern von Sydney und liebte es einfach. Wir hatten alle etwas zu essen und trinken mitgebracht, was schwesterlich geteilt wurde, und erwarteten in Hochstimmung den Umzug des Mardi Gras.

Mit Einbruch der Dunkelheit, schon von weitem hörbar, stampfte er heran. Und dann kam fast vier Stunden ein Umzug ohnegleichen, mit Kulissen und Wägen, Gruppen und Kostümen, Trucks und Motorrädern, alles in Farben, Licht und Lärm getaucht. Die Vielfalt der Gruppen, ihr Ideenreichtum, ihr Spaß, das Engagement und die Themen, die sie da auf die Straße brachten, waren umwerfend, berührend und nach einiger Zeit auch erschöpfend, weil ich einfach nicht mehr aufnahmefähig war. Die Leute hatten, wahrscheinlich wie beim Karneval von Rio, das ganze Jahr gratis gearbeitet, um ihre Performance, ihre Kostüme und ihren Wagen optimal zu präsentieren. Und mit dem brachten sie uns ZuschauerInnen die Ideen nahe, für die sie arbeiteten und für die sie all ihr Engagement und ihre Visionen von Verbesserung gaben.

Das Ergebnis war die zu Recht bekannteste und tollste Parade der Welt und eine Demonstration für Offenheit,

Gleichstellung und Menschenrechte für die große homosexuelle Minderheit dieser Welt.

Nach diesen Stunden sah es aus wie nach jedem Volksfest und die euphorisierten oder ermatteten ZuschauerInnen wateten in einem Strom von Konfetti, Girlanden, Bechern, Plastikbeuteln und all dem sonstigen Müll, den die modernen Götter erfunden haben, nach Hause oder sie gingen zur Post Parade Party, die auf einem riesigen öffentlichen Gelände der Stadt stattfinden würde. Dieses Fest fiel stimmungsmäßig allerdings meiner Müdigkeit, meiner Klaustrophobie und dem bald einsetzenden Regen zum Opfer. Mit 15 000 Leuten in einem abgezäunten Areal zu feiern, war meine Sache nicht. Der Regen trieb uns in die überfüllten Tanzsäle und Bars der Location, und ich konnte keinen Spaß mehr finden an den Stroboskopblitzen der Discos, den Cocktails der vielen Bars und dem hochgestylten, schicken und eitlen Verhalten der BesucherInnen. Ich ließ es bald gut sein und landete vor allen anderen in meinem Hotelbett, um zufrieden den Ausklang der Parade zu verschlafen.

Die Blauen Berge

Nach über einer Woche Großstadt und High Life wollte ich mich wieder auf den Weg machen. Ich hatte nicht mehr viel Zeit vor meiner Rückkehr nach Europa – noch knappe zwei Wochen – und wollte zumindest einen kleinen Teil dieses riesigen Kontinents sehen. Ich hatte mich entschieden, ein Stück ins Landesinnere zu fahren und dann in einem Bogen in den Süden Richtung Melbourne und an der Küste wieder retour in die Hauptstadt. Das übliche Prozedere, ein Auto zu mieten, stand also wieder an und gestaltete sich diesmal leichter und normaler als in Neuseeland.

Bald stand ich mit einem kleinen, diesmal weißen japanischen Ding wieder auf der Straße und machte mich auf den Weg. Über eine australische Kundin hatte ich einige Tipps bekommen, was man in relativer Nähe von Sydney ansehen konnte, ohne gleich zu Ayers Rock oder nach Perth fahren zu müssen.

Und der wichtigste Tipp, ein absolutes Muss, waren die Blue Mountains, eine riesige Canyonlandschaft bedeckt von Eukalyptusurwäldern, drei Stunden westlich von Sydney. Mit der Empfehlung im Doppelpack kam auch gleich eine Unterkunft mit, die meine Bekannte bei einem Freund, der über den Klippen der Blue Mountains ein Häuschen mit Gästestudio hatte, organisierte.

Ich war froh über dieses Weitergereichtwerden und fühlte mich gut aufgehoben, das Thema Einsamkeit würde mir damit erspart bleiben. Voll der Erwartung fuhr ich los in eine Landschaft, wie ich sie noch nie zuvor gesehen hatte.

In der Ortschaft Black Heath empfing mich vor einem unscheinbaren Holzhaus ein liebenswürdiger älterer Herr mit Stock, der aus der Garage vor seinem Haus ein geschmackvolles afrikanisches Studio gemacht hatte, das mir Komfort, Qualität und Eigenständigkeit bot. Die nächsten Tage würden ein Genuss werden.

Blue Mountains, ein weltberühmter Nationalpark, der sich über 1 400 Quadratkilometer erstreckt, ist eine mystische Landschaft mit großer Ausstrahlung und Kraft. Der blaue Schimmer, der wirklich über den Canyons und Wäldern liegt, kommt angeblich von den feinen Tröpfchen von Eukalyptusöl, das die Bäume in der Hitze absondern und das als Dunst aufsteigt und die Landschaft in einen feinen, geheimnisvollen Farbschleier einhüllt.

In diesen Zauber wollte ich in den nächsten Tagen in ausgedehnten Wanderungen eintauchen. Ich rüstete mich mit Kartenmaterial und einigen Hinweisen meines Quartiergebers aus und machte mich auf den Weg.

Der Eintritt in das Naturschutzgebiet kann nur über die senkrecht abfallenden Klippen eines der Canyons gemacht werden und ist wie ein Abstieg in den Schlund der Erde, die archaische Geschichte unseres Planeten. Die meisten Leute bevorzugen die Blue Mountains lieber von einer der Besucherterrassen von oben zu betrachten, denn der Abstieg ist radikal und braucht Schwindelfreiheit. Ein schmaler Steig ist in die Klippen gehauen und teilweise mit Eisenstufen und Stahlseilen abgesichert. Die Aussicht auf die umliegenden Felsklippen und die darunter liegenden völlig geschlossenen, blau schimmernden Wälder ist atemberaubend, bis man schließlich in diese Wälder im Talgrund eintaucht. Ein wildes Paradies tut sich auf, feucht, wuchernd, von Bächen durchzogen, mit Farnen und Schlingpflanzen bedeckt, dann wieder mit lichteren, trockeneren Abschnitten, wenn man an die wellig ansteigenden Fußhügel der Klippen kommt. In den Bäumen hört man immer wieder lautes Gezeter, wenn die unterschiedlichsten Kakadu- und Papageienschwärme vorbeifliegen und ihre Federn dann oft auf den Waldboden darunter fallen, wie leuchtend bunte Edelsteine aus der luftigen Welt.

Der schmale, schlecht markierte Weg führte mich weiter in ein Tal, entlang eines größer werdenden Wildbachs. Die Steinblöcke und Felsformationen, die sein Ufer bildeten, waren in weichen runden Wannen tief ausgewaschen und verstärkten noch mein Gefühl, entlang von tiefen Wurzeln der Erdgeschichte zu wandern, die hundert Millionen Jahre zurückreichen mochten. Auf einmal blieb ich wie angewurzelt stehen. Am Grund des Baches, in einer tiefen Stelle hatte ich etwas leuchtend Oranges gesehen, das sich langsam über den Boden schob. Und noch etwas und noch etwas. Große wilde Krebse lebten hier, lagen träg am sandigen Grund, sonnten sich, jagten sich mit ihren Scheren und waren lebendige Zeugen einer ungestörten und unzerstörten Welt. Ich war sprachlos angesichts von so viel Schönheit und beeindruckt von ihrer Kraft. Dabei war es keine liebliche, harmlose oder romantische Atmosphäre, die hier in den Wäldern lag, es war eine intensive Kraft, die tief in den Körper griff, mich respektvoll und sogar ein bisschen klein machte und – wer weiß –, wenn ich länger geblieben wäre, mir sogar Angst gemacht hätte. Hier war der Mensch nicht wichtig, er war zu Gast, maximal ein kleinerer, eher unbedeutender Teil in den riesigen unberührten Gebieten und den zahllosen Lebensformen, die hier ungestört das leben konnten, wofür sie da waren. Ich fühlte mich wie am Tor zum Paradies, aber einem in seiner Fülle und Schönheit mächtigen Paradies.

Der Bach war warm, die Krebse leuchteten in brennendem Orange und ich schlüpfte aus den Kleidern, um mitzumachen. An einem runden ausgespülten Felsen stieg ich ins Wasser und wurde zum Krebs, wurde zum Licht, wurde zur Hitze, die von den Felsen zurückstrahlte.

Am Tag darauf würde ich eine ähnliche Wanderung in einen anderen Teil der Blue Mountains machen, zu einer bizarren Felsformation, die wegen ihres Aussehens *The Sunken Castle*, das versunkene Schloss, hieß. Hier wanderte ich nicht in der Tiefe der Canyons, sondern eher an ihrer Flanke und auch hier fiel mir die Erdgeschichte sozusagen entgegen. Die Sedimente der Jahrmillionen liefen parallel zu meinem Weg und ich stieß auf Schichten, die sicher einmal Meeresboden waren, mit kleinen Fossilien darin, und dann tiefer darunter auf eine Kohleschicht. Ein schmaler schwarzer Streifen von blättrigem, komprimiertem Kohlenstoff, von blättrigem, uraltem organischen Material begleitete mich.

Im versunkenen Schloss war ich ganz allein, inmitten von Hitze, trockenen Hartlaubwäldern und Protaceen, die man bei uns nur als exotische Dekoration in Blumengeschäften findet. Dann saß ich auf den Zinnen hoch über den Blauen Bergen mit einer wunderbaren Aussicht in die große Weite des Gebiets. Mit mir ein paar Dohlen und hübsche, gefräßige, elsternartige Vögel mit gelber Brust, die es nur auf meine Jause abgesehen hatten und fleißig mitnaschten.

An den Abenden ging ich in altmodische, wenig besuchte Gasthäuser des Ortes oder wurde von meinem liebenswürdigen, einsamen Gastgeber zum gemeinsamen Kochen und Weintrinken eingeladen. Er war ein kultivierter, feiner Mensch, der sich im internationalen Kulturbereich engagierte, eine Arbeit, die ihn durch die ganze Welt geführt hatte. Heute lebte er, mit einer beeindruckenden Sammlung klassischer Musik, gesundheitlich geschwächt und sehr alleine an diesem wunderschönen Ort und fand Kontakte und Gespräche in seinen Gästen, die ihm die Welt in das kleine afrikanische Studio vor seiner Haustür brachten.

Blue Mountains war für mich ein besonderes und erweiterndes Erlebnis: In Neuseeland hatte ich mit der Kontrolle und Umweltzerstörung in Teilen des Landes gehadert. In den Bergen von Coromandel erhielt ich die tröstende Gewissheit über den allmählichen Wandel von Zerstörung in neue Lebendigkeit. Und hier in den Blauen Bergen durfte ich sehen, dass trotz jener schwierigen Zeitthemen auch etwas wie Unzerstörbarkeit im Paradies möglich ist.

Meine letzte Woche brach an. Ich bestieg wieder mein Auto, um mich noch einmal auf den Weg zu machen und fuhr weiter ins Landesinnere, um noch möglichst viel von der australischen Landschaft zu sehen. Die Gegend wurde zunehmend trockener. Große Rinderfarmen säumten die Straße, die riesigen Weideflächen lagen karg und fast verdörrt im südlichen Herbst. Die Struktur der Landschaft war nicht viel anders als in Neuseeland, nur weitläufiger und weniger grün. Auch die Dörfer und Städtchen auf dem Weg hatten den mir schon so bekannten unbesonderen Stil des amerikanischen Mittelwestens. Und auch die Wälder schienen nach demselben Muster gestaltet. Wieder die großen unnatürlich grünen Flecken der wuchsfreudigen Föhre. Der einzige und sehr skurrile Unterschied waren die Kängurus, die immer wieder durch die Gegend hüpften oder in größeren Herden auf Hügeln in der Grassteppe Rast machten und mir als fotografierfreudiger Touristin ein schönes Motiv boten.

Dieser Teil des Landes war nicht einladend, die zunehmende Kargheit und Gleichförmigkeit trieben mich weiter und in einem großen Bogen nach Süden zurück an die Küste. Wieder einmal und fast unverbesserlich hatte ich Phantasiebilder aus dem Reiseprospekt von wilden unbesiedelten Küstenstrichen mit Meer vor Augen. Aber im bevölkerungsreichsten Bundesstaat Australiens ist diese Vorstellung Illusion. Die Küstenabschnitte zwischen Melbourne und Sydney und nördlich davon sind dicht besiedelt und ein gutes Revier für Zweithausbesitzer und eventhungrige Ferienreisende.

Und ich war wieder mal Pfadfinderin auf der Suche nach der Lücke, der freien Stelle, die das ganz Besondere bieten würde. Schön langsam ging ich mir selber auf die Nerven mit dieser Beharrlichkeit und Einseitigkeit, wie das denn auszusehen hätte, was ich da dauernd suchte.

Die Lücke fand sich wie immer in einem kleinen Naturschutzgebiet, einem State Park direkt am Meer. Auf gut Glück fuhr ich hinein und landete mitten in einem alternativen Ferienclub, der auch kleine Holzhütten in Strandnähe vermietete, mit davor lagernden Kängurus als temporären Haustieren inklusive. Das machte mir so viel Spaß, dass ich mir solch ein leicht abgewirtschaftetes Hüttchen mietete, den Kühlschrank für die nächsten drei Tage anfüllte und beschloss, die Zeit hier ganz bewusst unspektakulär und massentouristisch zu verbringen. Nach drei Monaten reisen und angesichts meiner baldigen Rückkehr war ich so entspannt, dass ich mit fast allem zufrieden war. Jede Mahlzeit fand nun am Picknicktisch vorm Haus mit Känguru-Gesellschaft inmitten von Känguru-Mist statt. Ich genoss die Sonne am faden Strand mit sehr vielen anderen Gästen und ihrer Nachkommenschaft und jeden Spaziergang auf dem schmalen Areal des State Parks, eingekesselt vom Siedlungshunger der Stadtmenschen.

Mein Abschied von Australien war still und schön. Ich hatte einen Wanderweg entlang der Küste innerhalb dieses Parks gewählt und ging durch einen kleinen Wald zum Meer hinunter. Vorbei an den üblichen Kängurus, die auf den Liegewiesen die Abfalleimer leerten, vorbei an zwei Buchten, die zu voll waren, bis ich zu einem kleinen, abgelegeneren Strand kam – Pebbly Beach, die Kiesbucht. Es war niemand da, wahrscheinlich, weil das hier kein Kies war am Strand, sondern veritable Steine von Faust- bis Kopfgröße. Aber sie waren perfekt rund geschliffen, jeder anders gefärbt, mit allen Mustern, die ein urzeitlicher Vulkan ihnen eingeschmolzen hatte. Leuchtende, bunte Steinkugeln lagen vor mir, die Brandung fuhr rhythmisch dazwischen und mit lautem Klopfen und Klacken fanden die Steine im Zurückfluten wieder zueinander. Ein sich ewig wiederholendes Konzert begleitete mich bis zum Sonnenuntergang, bis ich schwer bepackt mit Erinnerungsfracht vom Strand den Rückweg antrat. Ich hatte mich hier leise verabschiedet und bedankt für eine volle, reiche Zeit, für eine schwierige Zeit, für eine wunderbare Zeit.

Jetzt war ein Drittel meines Sabbaticals vorbei. Übermorgen würde mich der Riesenvogel aus Stahl wieder zurücktragen in meine Alte Welt und noch sechs weitere Monate lagen völlig ungeplant und unklar in der Zukunft.

Sabbatzeit als Vision Quest

Erst lange Zeit nach der Beendigung meines freien Dreivierteljahres, nach vielen Erzählungen und Gesprächen mit Freundinnen und Freunden und letztlich durch einen Hinweis eines meiner Lehrer aus der Ökopsychologie, entdeckte und verstand ich den Zusammenhang zwischen einer Auszeit und einer rituellen Visionssuche.

Ich halte diesen Hinweis für zentral, und wenn Sie ihn beim Planen und Realisieren Ihrer Sabbatzeit bewusst anwenden, erhält diese Zeit eine umso intensivere Ausrichtung und Bedeutsamkeit.

Vision Quest, Visionssuche, ist die moderne Bezeichnung für einen rituellen inneren und auch äußeren Weg, den alle Kulturen in irgendeiner Weise kennen. Er wurde und wird an Kreuzungspunkten des Lebens angewendet, als Ritual des Übergangs und der Veränderung, wenn das alte Leben zu klein geworden ist und seine Antworten nicht mehr stimmen. An zentralen Wendepunkten des Lebens wie Erwachsenwerden, Heirat oder Partnerschaftsentscheidung, Schwangerschaft und Geburt, Berufswechsel, Trennung, Verlust von wichtigen Menschen, Krankheiten oder spirituellen Krisen ist die Visionssuche ein kraftvolles Mittel zur Neuorientierung und dem Finden neuer Antworten.

Die Visionssuche läuft in charakteristischen Schritten ab, die genauso für jede Sabbatzeit gelten und die ich mit den Phasen meines Sabbaticals unbewusst gesetzt hatte.

Schritt eins ist die *Vorbereitungszeit*. Wenn Sie in eine temporäre berufliche Auszeit gehen, bereiten Sie in Ihrer Außenwelt diesen Schritt vor. Aber auch in Ihrer Innenwelt, der seelisch-spirituellen Form Ihres Seins, treffen Sie Vorkehrungen, bzw. der ganze Prozess, der Sie zu der Entscheidung, ein Sabbatical zu machen, gebracht hat, gehört schon zur Vorbereitungszeit. Themen und Wünsche haben Sie dahin gebracht, Fragen zeigen sich, Ihr bisheriges Leben ist in irgendeiner Form zu klein geworden und Sie suchen Antworten.

Die Vorbereitung im Vision Quest geht über Träume, Meditationen, innere Bilder, den Dialog mit der Natur oder Trancetanz auf eine tiefe seelische Ebene, wo der Abschied von der bisher gewohnten Welt, von der Oberfläche vorbereitet und die zentrale Frage, das Thema Ihrer Reise, formuliert wird.

Denn der oder die Visionssuchende oder auch der Mensch im Sabbatjahr lässt die gewohnte, alte Welt mit einer Frage zurück. Je bewusster Sie mit der Vorbereitungszeit umgehen, desto klarer wird Ihnen werden, was Sie wissen und herausfinden wollen.

Der zweite Schritt ist der *Aufbruch*, das Überschreiten

einer Schwelle. Bei der Visionssuche wird das rituell gestaltet, ein Steinkreis, ein Bach, ein Fluss oder eine Brücke werden überschritten. Bei berufstätigen Menschen kann die Schwelle der letzte Tag im Büro sein und die echte Schwelle an der Ausgangstür, bei mir war es das Einsteigen ins Flugzeug, das mich in eine andere Welt brachte. Sie werden selbst am besten spüren, was bei Ihnen die magische Schwelle darstellt, bei deren Überschreiten Sie den Wechsel und das Kommende, noch Unbekannte, als Ahnung wahrnehmen werden.

Dann kommt Phase drei – die *Erfahrung in der fremden Welt*, in einem ungewohnten Seinszustand. Diese Welt kann eine unbekannte Außenwelt – wie im Fall der Reisenden – sein, sie ist aber auf jeden Fall das Eintreten in eine unbekannte Innenwelt und unbekannte Seelenzustände, die durch das veränderte Außen entstehen.

Im Vision Quest wird alleine in die Wildnis gewandert und dort mit spärlichsten Mitteln und fastend eine Zeitlang verbracht. In einer Sabbatzeit befinden Sie sich nach dem Übergang auch in einer anderen Welt, oft allein unter ungewohnten Umständen. Wenn Sie wie ich auf Reisen gehen, kommen Sie in einen fremden Weltteil, der Sie herausfordert, erschreckt oder staunen lässt. Das Thema des Allein- und völlig auf sich Gestelltseins ist ebenfalls präsent.

Dann kommt der eigentliche Teil der »Visionen«: Was Ihnen in der Außenwelt begegnet, hat immer einen bedeutungsvollen, symbolischen Inhalt für Ihre Innenwelt. Die Umgebung stellt Themen und wird so zum Lehrer und zeigt metaphorische Antworten.

Beim klassischen Vision Quest sind das Erlebnisse und Begegnungen mit Tieren, Pflanzen, Steinen oder Wetterphänomenen und mit tiefsten Gefühlen wie Angst, Einsamkeit,

Verzweiflung, Sehnsucht, Ruhe, Sicherheit, Hingabe, Göttlichkeit ... aus denen Antworten gezogen werden.

Beim Sabbatical ist es – wie Sie lesen konnten – eine Palette durchaus ähnlicher Gefühle, die in ihrer Bewältigung Transformation und Antworten anbieten, die Sie weiterführen.

Phase vier ist die der *Rückkehr* und *Integration* des Erlebten in die Welt des persönlichen Alltags. Diese Phase ist sehr wichtig und kann eine Weile dauern, denn die »Visionen«, die unerwarteten und oft sehr tief gehenden Erlebnisse, die als Metaphern auftauchten, haben einen tiefen Eindruck in der Seele hinterlassen und sie verändert. Der solcherart veränderte Mensch möchte seine Antworten und Veränderungen in die »normale« Realität bringen, sein bisheriges Leben dem Erlebten anpassen, seine Erkenntnisse umsetzen.

Im Vision Quest wird das wieder rituell begleitet, durch »Konzile«. Gruppenprozesse, bei denen die bzw. der Visionssuchende das Erlebte, die Begegnung mit seiner innersten Seele erzählen und reflektieren und den Bau einer neuen Basis für ihr bzw. sein neues Leben beginnen kann.

Von den Ähnlichkeiten und den bedeutsamen Resultaten dieser Parallelen hatte ich zu jener Zeit, als ich gerade im Flieger zurück nach Europa saß, noch keine Ahnung. Außerdem war ich noch mitten in Phase drei, im Sabbatical, einer völlig neuen Phase meines Lebens, beim Nachspüren meiner Wünsche, beim Erleben von täglich Neuem und beim dauernden Konfrontiertsein, wie sich über die Außenwelt innere Themen zeigen.

Die neue alte Welt

Sonne und Jetzt

Nach 24 Stunden Flug, wieder unterbrochen von einem Zwischenstopp in Singapur, landete ich exakt an meinem zweiundvierzigsten Geburtstag gegen Ende März 2002 wieder in Wien Schwechat. Meine Partnerin holte mich ab und wir fuhren zu meiner besten Freundin, die einen opulenten Brunch und eine wunderbare kleine Feier vorbereitet hatte. Ich war übernächtigt, überglücklich und fühlte mich ein bisschen wie eine Heldin, die nach langen Fahrten und bestandenen Abenteuern und Gefahren wieder nach Hause zurückkehrte.

Durch die spontane Veränderung meiner Reisepläne hatte ich jegliche Struktur umgeworfen und stand nun ohne eine solche da. Meine Wohnung war noch sechs Monate vermietet, zeitliche Einteilungen oder weitere Reisepläne gab es nicht, Kleidung hatte ich gerade so viel, wie ich vor knapp drei Monaten in den Koffer gepackt hatte – was für den frühen Frühling in Wien ein bisschen frostig werden würde –, und Quartier würde ich im kleinen Gästezimmer und Gästebett derjenigen Freundin aufschlagen, bei der wir gerade feierten. Ein sehr vorläufiges, ungeplantes Leben stand mir bevor.

Es ist ein interessantes Gefühl, in die eigene Stadt wie ein Gast zu kommen und sie dadurch ein Stück mit anderen Augen zu sehen. Ich genoss diese neue Art der Annäherung sehr. Es war die Zeit des beginnenden Frühlings, die Sonne wurde stärker, die Natur erwachte und die Stadt lag unter einem besonderen Licht. Ich streifte durch Wien wie eine Fremde, genoss die prächtige Architektur, die alten Innenhöfe, die Auslagen der Geschäfte, die »Grätzel« (alte Bezirke mit besonderem Flair), die Biergärten, die gerade aufgebaut wurden, die Menschen auf der Straße.

Meine Tage waren unspektakulär und im Wesentlichen auf die täglichen Dinge des Lebens bezogen. Ich wohnte ja nun in einer Art Wohngemeinschaft, die ihre einfachen Anforderungen des Füreinandersorgens, der Freundschaft und Begegnung hatte. Ich ging auf die offenen Märkte – in Wien heißen sie die »Standelmärkte« – einkaufen, ich erledigte den Haushalt, kochte an manchen Abenden und freute mich, wenn meine Freundin nach Hause kam und wir am Tisch saßen, aßen, den Tag besprachen oder ich ihr von meinen Erlebnissen erzählte.

Dazwischen ging ich stundenlang in Kaffeehäuser und las die dicken Wochenzeitungen und Magazine, zu deren Lektüre frau im Arbeitsalltag nie kommt. Ich tauchte wieder ein in die europäische Welt, ihre Tagespolitik, die Berichterstattung darüber und ihren Blickwinkel. An dieser Lektüre merkte ich, dass ich weit weg gewesen war. Über die Themen, die in Australien und Neuseeland Wichtigkeit hatten, konnte ich nicht einmal eine Zeile in den hiesigen

Medien finden, und umgekehrt las ich über Dinge und Meinungen, die mir in den letzten drei Monaten nie untergekommen waren.

Ich ging in Museen, ins Kino, gondelte mit dem Fahrrad durch die Stadt und ging mit dem Hund spazieren. Nach und nach traf ich auch meine anderen Freunde und Freundinnen wieder und begann ihnen über die letzten Monate auf der anderen Seite der Erdkugel zu erzählen.

Was ich völlig abgelegt hatte, war das Bedürfnis, wieder in meine Berufswelt einzutauchen und mich in die täglichen Abläufe meines Betriebes zu involvieren. Ich ging kein einziges Mal in meine Büroräumlichkeiten meine Mitarbeiter besuchen. Ich hatte wirklich losgelassen.

Das Leben war im Moment ohne Anforderungen und Verpflichtungen, sogar die innere Forderung nach Leistung und Tätigkeit, nach »Sinnvollem«, war zum Verstummen gekommen. In dieser Phase, als ich meine erste große Reiseetappe abgeschlossen hatte, und mit ihr viele der inneren Ansprüche an mich auch erfüllt hatte, konnte ich mein durchschnittliches, eher nutzloses Leben in vollen Zügen genießen – ich betrieb endlich und völlig entspannt Müßiggang.

Der Wert der Muße

Muße ist nicht gerade gut beleumundet. Das Sprichwort »Müßiggang ist aller Laster Anfang«, das in abgewandelter Form in vielen Kulturen zu finden ist, sagt alles über ein skeptisches, ambivalentes Verhältnis gegenüber dem »Nichts tun«, wie Muße oft abschätzig genannt wird.

In unserer industriellen Hochleistungsgesellschaft hängt man nicht durch. In ihr wird Arbeit idealisiert und absolut gesetzt bzw. die Rentabilität und der Nutzwert von Tätigkeiten als Kriterium an erste Stelle gesetzt – dort hat die »Vita Contemplativa« daher einen schlechten Stand. Die Heere der dauernd Überlasteten, der Gestressten und Tüchtigen, die ihren Erfolg in Geld bemessen (müssen), sind der gesellschaftlich erwünschte Prototyp von menschlicher Existenz. Der Kapitalismus hat in seiner Trennung von Arbeit und Leben diesen Typus geschaffen und dieser Typus ist streng zu sich und zu anderen; er strengt sich an, arbeitet (zu) viel, sieht als Anerkennung für diese Strenge nur den materiellen Aspekt. Er diszipliniert sich über die Arbeit und wenn man ihn fragt, wer er ist, wird er uns seinen beruflichen Lebenslauf und die Highlights seiner größten wirtschaftlichen Erfolge erzählen. Hans-Peter Dürr nennt diesen Typus »die Schrumpfgestalt des Homo Oeconomicus«.

Die Muße ist der Gegenpol zu diesem Leben, obwohl sie nicht gleichzusetzen ist mit Freizeit oder Urlaub (die oft ja wieder nur zur Regeneration für die Arbeitswelt genützt werden). Sie hat keinen Zweck und kein Ziel, sie ist das pure Dasein an sich. Wer mit Muße lebt, ist offen dem Leben und seinen Situationen gegenüber, kann loslassen und sein lassen. Es muss nichts getan werden. Muße setzt natürlich freie Zeit voraus, sie hat etwas mit Stille zu tun, auch mit Alleinsein und nur mit ihr kann man wirklich nachdenken, kontemplativ sein und genau hinschauen auf sich selbst und die Welt. Erst in diesen inneren Räumen, wo nichts sein muss, wo nichts gemacht oder verwertet werden muss, wo nicht immer alles herzeigbar, beweis- und kalkulierbar sein muss, dürfen wir einfach da sein. Wir können vor uns hinstarren, uns ganz versunken einer völlig unnützen Tätigkeit widmen (spielen, tagträumen, singen, Tee kochen ...) oder darüber nachsinnen, was uns Freude macht und uns trägt, was uns ängstigt und geändert werden soll oder mit welchen Menschen wir auf welche Weise verbunden sind. In der Muße sind wir mit allen Sinnen hier im erfüllten Augenblick.

In einer zu einseitigen Arbeits- und Geldgesellschaft bekommt der kontemplative Müßiggang fast schon einen subversiven Aspekt, denn er verträgt sich nicht mit ihr. Er widersetzt sich der Verwertungsideologie, die aus Menschen und Ressourcen wandelnde Sparkassen macht. Er möchte die nutzlosen, friedlichen Freiräume erhalten, wo ein Gedicht wichtig ist, wir für das Lied eines Vogels stehen bleiben oder ein Glas Wein mitten in der Arbeitszeit, um mit einem Kollegen ein gutes Gespräch zu führen, mehr gilt als der Acht-Stunden-Output. Die Muße wird die gängigen Wirtschaftsformen überwinden, um sie zu integrieren in ein gutes Leben, wo »Arbeit und Freizeit« nicht mehr so rigide getrennt sind.

Und dennoch braucht die Muße auch Mut und Kraft. Sie zu leben, heißt stromauf zu schwimmen. Viele sehen in ihr nutzloses Zeit-Vertun, manche halten Menschen, die nichts tun, für Schmarotzer. Muße leben bringt wenig Prestige und mit ihr genauer in die Tiefe der Dinge zu schauen, ist auch nicht immer angenehm. Da fällt einem einiges auf, was zu ändern wäre, da tut manches weh und ihre Aspekte der Langsamkeit und Friedfertigkeit bringen so manches Leben aus den Gleisen.

Aber »wer keine Zeit hat, hat keine Seele«, wie es Jean Gebser formuliert. Zumindest das kann man jemand in einer Sabbatzeit nicht nachsagen.

Wühlmäuse und Stille

Nach zwei Wochen Stadt, meine »Heldentaten« und Sabbatabenteuer innerlich zu feiern und äußerlich zu verbreiten, fuhr ich aufs Land, in den Süden Österreichs, in meine Heimatberge an der slowenischen Grenze. In diesen schroffen Kalkbergen kommt das Jahr spät in Gang und der Frühling lässt viele Wochen länger auf sich warten als in der Stadt. Als ich ankam, war gerade erst der Schnee geschmolzen. Auf den braunen Bergbauernwiesen im Tal blühten als allererste Boten der wärmeren Jahreszeit die wilden Krokusse. Die Bäume waren noch kahl und schwarz. Wenn ich dort bin, wohne ich in einem kleinen 250 Jahre alten Bauernhaus, mit dicken Mauern aus Flusssteinen, aus denen die Kälte des Winters kaum weichen will und in dem schon Generationen von Menschen ein karges Leben gelebt haben. Ihre Spuren sind auf den Holzbalken der Stubendecke noch da, an den Mauern, in der Anlage des ganzen Geländes rundherum.

Es ist ein stiller und beseelter Platz, der mich wieder einmal aufnahm. Die Tage dort in den Bergen sind gleichförmig. Jeden Morgen trat ich hinaus vor die Tür, der erste Blick fiel auf die Südkette der Karawanken, um die Wetterlage zu erkunden. Wenn Wolken auf ihnen liegen, kann mit Schlechtwetter gerechnet werden. Der zweite Blick und eine stille Begrüßung gingen immer zur mächtigen Linde vor dem Haus, die die Bauern früher immer gleichzeitig mit der Errichtung eines Hauses pflanzten, um einen Blitzableiter und auch einen guten Geist vor dem Anwesen zu haben.

Dann kam die täglich gleiche Routine, das Einheizen der Kachelöfen und des Küchenherdes mit Holz. Anschließend

Teewasser aufstellen, frühstücken, im Laufe des Vormittags zweimal in der Woche in den Ort fahren, um Lebensmittel einzukaufen. Und manchmal am Ende des Tages zur Abwechslung in eines der wenigen Gasthäuser der Gegend gehen.

Mehr tat sich nicht, zumindest im Außen.

O doch, noch etwas. Der Garten vorm Haus musste aus dem Winterschlaf geholt werden. Auch er war braun und vom Schnee niedergedrückt und von den gegrabenen Gängen der Wühlmäuse wie mit einem Spinnennetz überzogen. Die Wühlmäuse sind meine Feinde, denn nach dem Winterschlaf sind sie offenbar besonders hungrig und stürzen sich auf fast alles, was im Garten noch in der Erde ist. Da werden die schönsten blühenden Stauden gefressen, die Lilienknollen verspeist und sogar für Menschen tödlich giftige Pflanzen nicht verschmäht. Die verzweifelte Gärtnerin steht dann Anfang April in ihrem Garten, mit Stummeln in der Hand und flucht und sinniert, wie sie den Tierchen den Garaus machen kann oder sie – in der buddhistischen Variante – zumindest vertreiben kann.

Diese simplen Probleme, ob es nun besser wäre, Flaschen ohne Boden verkehrt in die Erde zu stecken (der Ton des hineinfahrenden Windes vertreibt angeblich Wühlmäuse, sagt die aus der Mode und Wirkung gekommene Bauernweisheit), stinkende Kaiserkronen zu pflanzen oder batteriegetriebene Rüttelstäbe in die Erde zu treiben, beschäftigten mich. Zur weiteren, teuren Zerstreuung auch noch der Besuch im Gartencenter mit der schwierigen Entscheidung, was denn heuer alles angepflanzt werden könnte.

Aber daneben tat sich wirklich nichts.

Ich lebte mehrere Wochen in diesen einfachen Rhythmen und eine große Stille breitete sich in mir aus. Wenn die Tage keine speziellen Pläne mehr beinhalten und wenn aus dem Denken und Analysieren eher ein Wahrnehmen, ein Spüren wird, dann öffnen sich große innere Räume. Ich war in diesen Wochen viel mit meinen Sinnen unterwegs, wahrscheinlich auch, weil im Moment nicht viel zu tun war und ich eben keine Pläne hatte. Ich hörte, wie der Wind ging, sogar welcher Wind ging und ob ein Föhnsturm an den Dachschindeln rüttelte. Ich roch das frühe Jahr, wenn die Nässe und die Erde und der feuchte Wald diesen speziellen Geruch des Vorfrühlings ausströmen. Ich hörte die Vögel singen und konzentrierte mich darauf, ob es Meisen waren, Wacholderdrosseln, Bergfinken oder ein verfrühter Kuckuck.

Ich sah die Drosseln auf den brachen Wiesen herumhüpfen, die Meisen in den Ästen turnen oder in der Abenddämmerung Rehe, noch in ihrem dunklen Winterfell, aus dem Wald kommen. Dieses ganz in den Sinnen Sein, das unmittelbare Wahrnehmen, ist wie eine Meditation und bringt manchmal ganz unerwartete Gefühle hoch. Wenn ich vor dem Haus saß und eine Wildtaube vorbeifliegen sah oder ihren Balzgesang im Wald hörte, strömte eine tiefe Freude durch mich. Wenn ich die wilden Krokusse in der Wiese sah oder die ersten Narzissen im Garten, war ich beeindruckt und beglückt von ihrer Schönheit.

Aber die Stille und die aufgegangenen inneren Räume brachten mir und bringen wahrscheinlich jedem in einer Auszeit unweigerlich große Themen. Es sind keine einfachen und angenehmen Themen, denn über die Schulter grinst die Frage »Wer bist du?«

Tasten im Wald der Fragen

Die herkömmliche Arbeitsidentität ist längst weg, die Betriebsamkeit des Reisens, wo man jeden Tag neu organisieren muss und dauernd neue Erlebnisse auf einen einströmen, deren Verarbeiten das bisschen freie Zeit okkupieren, war nun auch zu Ende gegangen. Und damit kommt unweigerlich das, worum kein Mensch in einer Sabbatzeit sich herumdrücken kann – die Identitätsfrage.

Für mich war und ist das immer wieder eine sehr unangenehme Zeit, weil sie voll mit Zweifeln ist und einen unsicher durch die innere Landschaft tappen lässt. Die alte Identität wurde wie eine Haut abgelegt – Auszeitler wollen das so –, weil diese einem vielleicht bis zum Hals gestanden ist oder zu eng geworden war. Man hat sich mit allen möglichen Dingen beschäftigt – Wünsche erfüllen, Abenteuer erleben, den eigenen Horizont erweitern. Aber dann kommt irgendwann die Stunde der Wahrheit. Die neue Haut ist noch nicht da oder ist sehr dünn und die Frage des »Wer bin ich?«, »Wer will ich sein?« piekst und sticht – sie ist der Stachel im Fleisch.

Diese Zeit hatte für mich sogar etwas Schmerzhaftes, weil es noch keine Antworten gibt, und ein innerer Spannungszustand entsteht, der schwer auszuhalten ist.

Man tastet herum, manchmal ringt man mit sich, dass doch endlich eine Antwort kommen möge, weil man jetzt unbedingt eine Antwort braucht, um sich wieder sicher fühlen zu können, aber es ist zu früh.

Man könnte sich damit hinwegtrösten, dass in einigen Monaten ohnehin wieder der sichere Hafen der alten Identität auftaucht und man ein bisschen erleichtert und ein bisschen widerwillig an Land und ins Büro geht, aber kommt man wirklich als die bzw. der zurück, als die man weggegangen ist? Sicher nicht! Daher kommt man der Frage einfach nicht aus.

Für mich war es auf der einen Seite völlig außer Zweifel, dass ich in meinen Beruf zurückkehren und meine Rolle als Leiterin meines Betriebes wieder gerne und mit viel Engagement einnehmen würde. Aber da war noch etwas anderes, das in den letzten Monaten gewachsen war, etwas Neues, das ich noch kaum wahrnehmen und einordnen konnte. Es hatte mit der Freiheit, der Zeit und dem Platz zu tun, den ich erstmals in diesem Ausmaß genossen hatte, ein Zustand, der anhielt.

Für mich lautete die Identitätsfrage daher auch: »Ich bin dies und jenes, aber was noch?«

Und dieses Was-Noch ist der spannende Teil, denn da wird die gewohnte Identität abgewogen gegen etwas, das man diffus in sich spürt und das an die Oberfläche drängt.

Die Antworten sind nicht eindeutig, sogar sehr vielschichtig, der Boden schwankt, also wäre vielleicht ein probates Mittel, deutlichere Antworten zu hören, die Frage: »Was zieht mich?« »Was treibt mich an?« und auch »Was ist wichtig?«

Einerseits ist der eigene Beruf natürlich wichtig und die materielle Absicherung, die er bringt, ebenso. Andererseits gibt es zentrale Lebensfragen, die weit darüber hinausgehen und mit Sinn und unserer Rolle in dieser Welt zu tun haben. Die Arbeitsidentität ist die eine Sache, die wir meist überbetonen und über die wir viele Jahre Selbstbestätigung und Selbstwert bekommen. Aber sind wir am richtigen Platz? Sind wir auf dem Platz, für den wir da sind, der unserem Potential, unseren Gefühlen und unserer eigentlichen Aufgabe entspricht? Diese Sichtweise und die Art, überhaupt so zu fragen, beachten wir normalerweise im Trubel des Alltags nicht. Es ist auch riskant so zu fragen, weil sich viel ändern könnte oder müsste. Aber in der Ausnahmesituation einer Sabbatzeit kommen diese Fragen.

Für mich hatte sich der Horizont in der relativ kurzen Zeit des Reisens geöffnet und den Blick freigegeben auf jene Fragen und Aspekte, die mir neben der beruflichen Identität auch wichtig sind. Die Wichtigkeit kann dabei eine emotionale sein, vielleicht eine politische oder eine spirituelle, jedenfalls eine Wichtigkeit, die ihren Platz im Leben fordert. Ihr diesen Platz einzuräumen und sie in die bisherige Identität zu integrieren, ist die zentrale Anforderung und Aufgabe, wenn man aus dem Sabbatical zurückkehrt.

Ich war noch Monate vor diesem Zeitpunkt, aber trotzdem hatten sich die Identitätsthemen schon deutlich gemeldet und mich einigermaßen konfus und noch völlig ohne konkrete Antworten, sondern mit einer diffusen Ahnung zurückgelassen. Sie würden ab jetzt anhänglich und insistierend an meiner Seite bleiben und immer dann auftauchen, wenn es ruhig wurde.

Rechnen Sie also, sollten Sie in bestimmten Phasen Ihrer Auszeit mit Identitätsfragen befasst sein, nicht gleich mit einer Antwort und versuchen Sie nicht, eine zu konstruieren, sondern beißen Sie sozusagen in den sauren Apfel und halten Sie noch eine Weile durch, bis – wahrscheinlich lange nach Ihrer Auszeit – Antworten da sind und Sie konkrete Schritte unternehmen, um das, was sich als neuer und unabdingbar wichtiger Teil Ihres Lebens gezeigt hat, zu integrieren.

»Who's that Girl ...?«

Mit dem Kopf ging in dieser Zeit also gar nichts. Ich konnte einfach nicht mit dem Hirn überholen, was in der Realität noch nicht da war, was sich noch nicht entwickelt hatte und mehr Zeit brauchte. Wenn ich also schon intellektuell keine Ahnung hatte, wie die Wichtigkeiten, die Wünsche, die Aufgaben sich zeigen würden, so zeigte sich immerhin ein neuer Lebens- oder Persönlichkeitsaspekt, der in meinem bisherigen Arbeitsleben fast verkümmert war. Dieser hatte sich an der ganzen Herumhirnerei unspektakulär vorbeigeschoben und war einfach da, weil er meiner momentanen Lebensrealität entsprach.

Dieser mir neue Persönlichkeitsanteil war jener der stillen Frau. In meinem Karriereleben, all den Weiterbildungen und dem Betriebsaufbau der letzten Jahre, war sie absolut inexistent und auch nicht gefragt gewesen. Ich war immer eine sehr bewegliche, betriebsame und auch getriebene Frau, für die Innehalten und Stille eher etwas Erschreckendes hatten, weil ich sie mit Passivität und Stillstand gleichsetzte. Der Stillen Frau war ich das letzte Mal vor dreißig Jahren begegnet und da war sie ein stilles Mädchen gewesen. Dann hatte ich sie vergessen.

Jetzt war sie wieder da.

Die Stille Frau (und der Stille Mann natürlich)

Sie erinnern sich sicher an die Wilde Frau, die am Anfang meiner Auszeit Thema war. Eine Wilde Frau in sich zu entdecken und zu kultivieren, klingt total aufregend und hat etwas Spektakuläres, sogar Schickes. Die Stille Frau ist unspektakulär, aber sie ist eine kraftvolle, auch mächtige Gestalt. Vielleicht ist sie die gewandelte Wilde Frau – so genau habe ich das noch nicht herausgekriegt. Jedenfalls scheint sie mir ein wichtiger Aspekt in jedem Frauenleben zu sein.

Die Stille Frau tut nichts des Scheins und der Fassade wegen. Sie ist ruhig, beobachtend, eher nach innen gewandt. Sie sammelt ihre Eindrücke, nimmt sie herein und zieht ihre Schlüsse und Einsichten, aus denen sich ihre nächsten Schritte ergeben. Sie lebt nicht nach vorgegebenen Wegen und orientiert sich nicht an herkömmlichen Ansichten über Lebensweisen, Erfolg und Werte. Viele ihrer Informationen kommen nicht nur aus einer sprachlichen, intellektuellen Ebene, sondern aus der nonverbalen Welt der sinnlichen Eindrücke, der Gefühle, des »Gespürs« oder der Visionen. Sie ist eine spirituelle Frau. Ich glaube, sie ist dem Archetypus der Weisen Frau sehr nahe.

Wenn sie im Leben einer Frau auftaucht, hat diese Kontakt zu ihrer inneren Stärke, einer Zentriertheit und Kraft bekommen.

Ich möchte wahrlich nicht behaupten, auch nur in der Nähe der Weisen Frau zu sein, eigentlich habe ich keine Idee, wer wirklich eine ist und wie dieser Typus zu leben wäre, aber es war sehr schön, in den ruhigen Wochen des

Frühjahrs, dieser Lebensmöglichkeit zu begegnen und eine erste Ahnung zu bekommen, wie ein anderes Leben, zum Beispiel das einer Stillen Frau, sich anfühlen könnte.

Lust und Neuaufbruch

Summertime and the Living is easy ...

Nach diesen ruhigen, fast eremitenhaften Wochen zog es mich wieder nach Wien. Es war Mitte Mai, ich war fast zwei Monate wieder im Land und die Neugierde und der Frühsommer packten mich. In dieser schönsten Zeit des Jahres hatte ich Lust auf Gastgärten, Schwimmen gehen, Ausflüge machen und meine Seele baumeln zu lassen. Der Antrieb zu meinen Unternehmungen kam nun ganz spontan von innen, ohne langes Denken, ohne langes Planen. Nach der Stillen Frau begegnete mir jetzt meine neugierige und lustige Frau, die ich sehr liebe (was nicht schwer ist). In der Elementearbeit ist es die Frau des Sommers und des Südens, das Feuer ist ihr Zeichen und ihre Farbe ist Rot. Es ist heiß draußen, alles lebt und blüht, frau/man muss sich um wenig kümmern und kann einfach nehmen und genießen. Frau/man ist unüberlegt und spontan, denkt nicht lange, sondern lebt, was Spaß macht.

Und so fühlte ich mich, jung, unbeschwert, hungrig nach Genuss und lebenslustig.

Eigentlich gondelte schon seit mindestens zwei Jahren der Gedanke in mir herum, dass ich Spanisch lernen wollte. Wir haben Freunde in Chile und ich bin dort auch in ein Frauen- und Pflanzen-Projekt involviert. Bis jetzt war es ziemlich mühsam gewesen, mit ein paar Brocken Italienisch, Erinnerungsresten von Französisch und Händen und Füßen mit den Leuten aus Südamerika zu kommunizieren. Aber – wie üblich – Alltagsstress, der Job, keine Zeit, Faulsein ... tausend Ausreden hatten mich bisher davon abgehalten. Jetzt ging es schnell. In einer Tageszeitung sah ich zufällig das Inserat eines peruanischen Spanischlehrers. Ich hatte überhaupt nicht geplant, in der Auszeit eine Sprache zu lernen, aber jetzt kam der Impuls einfach aus dem Bauch. Also ans Telefon und schon ein paar Tage später hatte ich meine erste Spanischstunde (und ich bin sogar dabei geblieben und jetzt, fast drei Jahre später, lerne ich immer noch und kann mich schon halbwegs verständigen).

Nicht unähnlich ging es mir mit meiner nächsten Spontanentscheidung, nur dass sie noch viel ungewöhnlicher war. Ich erinnere mich gar nicht mehr genau, wie es kam – vielleicht bin ich an einem lauen Frühsommerabend über einem Cocktail gesessen und habe ihn einfach köstlich gefunden. Jedenfalls kam ich kurz darauf in einem Innenbezirk Wiens an einer Barmixerschule vorbei. Die bunten Eingießer, die Shaker und zahlreiche Flaschen exotischen Alkohols in der Auslage hatten mich anhalten lassen. Ich hatte ursprünglich keine Ahnung gehabt, dass es in meiner Stadt so etwas gibt. Und diese Barmixerschule bot sogar Kurse an für genusssüchtige Laien wie mich. Na, warum nicht. Kurz darauf war ich eingeschrieben in einen der letzten Sommerkurse Anfang Juli – der Caipirinha und Pina Colada für FreundInnen in Urlaubslaune stand nichts mehr im Weg.

Und schließlich kristallisierte sich bald heraus, dass ich noch einmal wegwollte. Ursprünglich hatte ich ja sehr kopfgesteuert und von bunten Phantasiebildern getrieben ein neunmonatiges Dauerreiseprogramm geplant. Das hatte sich dann, als es real wurde, so stressig und unstimmig angefühlt, dass ich alles umgeworfen hatte und meine weitere Auszeit offen ließ. Nun war es wieder so weit und diesmal wirklich aus Lust.

Ich surfte wieder im Internet herum, schaute ein paar Broschüren durch und ließ mich – die sind für mich wirklich fast unwiderstehlich – von den bunten Bildern und exotischen Reisezielen begeistern. Aber diesmal waren sie nicht so projektionsbehaftet. Ich wollte nicht das Paradies finden, sondern eine schöne Reise machen, die ich im Arbeitsalltag später nicht unterbringen würde. Und was noch anders war – ich wollte diesmal nicht allein reisen. Ich suchte mir bewusst ein Ziel, das ich als Frau alleine nicht bereisen konnte und wollte – ein islamisches Land – und buchte eine Trekkingreise in kleiner Gruppe an die Küste und in den Hohen Atlas in Marokko. In vierzehn Tagen sollte es losgehen.

Spontaneität

Rückblickend gesehen finde ich die Möglichkeit, spontan handeln zu können, eine der kostbarsten Eigenschaften einer Auszeit. Wenn das nur nicht so schwierig wäre! Zumindest für mich war es so und ich brauchte die Hälfte meiner

Sabbatzeit, um diesen Zustand zu erreichen. Wenn das für Sie anders ist, sind Sie die gesegnete Minderheit, die schnell loslassen kann und einen guten Kontakt zu ihrem Bauch hat. Spontaneität ist das Gegenteil von Planung und Denken, sie kommt eben direkt aus der Mitte, aus den Emotionen.

Im Berufsleben wurde sie uns gründlich abtrainiert, denn es gibt kaum Platz für sie und sie gilt als kontraproduktiv. Wie sollen wir spontan leben, wenn es mehr oder weniger die fixen Einteilungen von neun bis fünf gibt, wenn man Arbeitspläne einhalten muss und die finanziellen Vorgaben uns ein enges Raster auflegen?

Und bei vielen von uns begann das Antispontaneitätsprogramm schon viel früher, wahrscheinlich in der Kindheit. *Geh dort nicht hin, lach nicht so laut, mit dem Finger zeigt man nicht, da muss man doch nicht weinen* ... Tausende von Sätzen haben wir gehört, wenn wir direkt und unmittelbar etwas tun wollten, aus purer Lust, blanker Wut oder Traurigkeit.

Die emotionale und zeitliche Möglichkeit – und natürlich auch ein Stück die finanzielle –, spontan sein zu können, sind kostbar und die Auszeit ist ihre Basis.

Mittlerweile ist ja auch bekannt, dass, je höher man in die Etagen des mittleren und oberen Managements blickt, gar nicht mehr der finanzielle Aspekt die größte Wichtigkeit hat, sondern Zeit, und mit ihr die Möglichkeit, frei zu entscheiden, weil es die kostbarste Ware der Leistungsgesellschaft ist. Zeit und Spontaneität sind Ihre einmalige Chance im Sabbatical. Genießen Sie, was das Zeug hält!

Die innere Weite, keine Pläne haben zu müssen und so entspannt zu sein, dass man so lange warten kann, bis der Impuls aus dem Bauch kommt und sagt, *jetzt*, ist etwas ganz Besonderes. Ich hatte diesen Grad der Selbstgewissheit und Ruhe erst nach mehreren Monaten erreicht.

Und die äußere Weite, eine Zeit lang genug Zeit zu haben für was auch immer, ist, wie wir wissen, auch etwas Besonderes in Berufslaufbahnen und in wirtschaftlich engen Zeiten, wie wir sie heute haben. Das zu erkennen und voll auszuschöpfen, ist der Sinn der Sabbatzeit.

Die Qualität der Ungewissheit

Neben all den positiven und angenehmen Aspekten der Spontaneität hat sie auch eine Kehrseite, die für die meisten von uns vorerst weniger gut auszuhalten ist, die aber untrennbar zu ihr gehört – die Ungewissheit.

Ungewissheit im Sinne von Keine-Pläne-Haben kennen wir ja noch halbwegs, aber hinter dem Keine-Pläne-Haben steht auch Keine-Ahnung-Haben. Keine Ahnung haben, wie's weitergeht.

In der Sabbatzeit Keine-Ahnung-Haben bezieht sich meist auf den nächsten Tag, die nächsten Wochen und die Zeitplanung. Es heißt, die Dinge kommen zu lassen und dann spontan zu entscheiden.

Aber eigentlich ist das Nichtwissen, was morgen mit einem passiert, wie es auch innerlich weitergeht, ein grundsätzliches Lebensthema, das wir nur dauernd mit Konstruktionen und Rastern von fixen Abläufen zudecken, um die große Bedrohung, die in der Ahnungslosigkeit liegt, aushalten zu können. Im Prinzip ist unser Leben eine äußerst unsichere Sache, die dauernden Veränderungen und dem Wandel unterliegt, die wir nicht immer steuern können.

In der Sabbatzeit, wenn ein Teil der Sicherheitsraster verlassen wird, kann sich dann auch diese Kehrseite der Spontaneität zeigen.

»Ich hab keine Ahnung, was morgen ist«, ist der angenehme Teil der freien und nicht verplanten Zeit. »Ich hab keine Ahnung, wie's weitergeht«, ist der seelische Aspekt der gleichen Thematik, nämlich, ich weiß nicht, wie's mit mir und meinem Leben weitergeht, mit meinen Wünschen und Zielen.

Das kann ein sehr unangenehmes Gefühl werden, aber es kann auch etwas ungeheuer Aufregendes haben. Es ist wie ein labiles Gleichgewicht, wie die Welle vorm Brechen, wenn die Surfer auf ihr entlang reiten und aus ihrer Labilität all ihre Energie für die Weiterbewegung beziehen.

Das Keine-Ahnung-Haben hat daher auch eine kraftvolle Qualität und ist der eigentliche Basiszustand unseres Lebens, weil er – bewusst genutzt und mit dem Impuls der Spontaneität – in reine Antriebsenergie umgesetzt werden kann.

Wer den Zustand des labilen Gleichgewichts des Nichtwissens halten und aushalten und auf den Zeitpunkt warten kann, bis die Welle sich bricht, das heißt bis der Punkt der höchsten Energie, der deutliche Impuls der Spontaneität aus den Emotionen kommt, der kann den Tiger reiten – den Tiger der Angst vor Unsicherheit, Ziel- und Planlosigkeit. Eine andere Art, mit dem Leben umzugehen ist ihm bzw. ihr sicher.

Orient

Ich saß am Flughafen Frankfurt, schon in der Nähe des Abfluggates Richtung Casablanca, Marokko, und überlegte mir, wer wohl meine Mitreisenden seien und ob ich sie irgendwie erkennen könnte.

Ich hatte bei einem kleinen österreichischen Büro für Wander- und Abenteuerreisen gebucht und erhoffte mir jetzt, am abenteuerlichen Wanderoutfit irgendwelche Hinweise ablesen zu können – vergeblich. Erst vier Stunden später am Flughafen Mohammed V in Casablanca würde die kleine sechsköpfige Gruppe zusammenfinden.

Ich hatte noch nie eine geführte Gruppenreise gemacht, schon gar keine Trekkingreise und war daher ziemlich neugierig, was mich erwarten würde. Dass die Gruppe so klein sein würde, hatte ich bereits – sehr erfreut – in Wien erfahren.

Nun lernte ich meine Mitmarschierer persönlich kennen: eine Krankenschwester, ein Architekt, eine Friseuse, zwei stramme Herren von der politisch rechten Seite der Alpenrepublik und ich. Gruppen unter sechs Leuten gelten als Kleingruppe, wo die Gruppendynamik nicht so heftig zuschlägt, außerdem hatte ich ein Einzelzelt – ich war also beruhigt.

Empfangen wurden wir von einem jungen Marokkaner und seiner Schweizer Freundin, unsere Führer, und einer kleinen Gruppe von drei weiteren Männern, dem Chauffeur des Kleinbusses, der uns gleich nach Marrakesch bringen würde, unserem Gruppenkoch und einem Helfer, alle in irgendeinem Verwandtschafts-, Freundschafts- oder Dorfclanverhältnis zu unserem einheimischen Guide.

Wir warfen die Rucksäcke in den Bus, stiegen hinterher, erleichtert, endlich da zu sein und jetzt eine Weile nichts tun zu müssen und ließen uns nach Marrakesch, eine der alten Königsstädte des Landes bringen. Das Klima war nun, Ende Mai, noch nicht zu heiß und ich konnte die fünfstündige Fahrt genießen. In der Stadt quartierten wir uns in der Neustadt in ein Hotel ein, das man als »ganz okay« bezeichnen konnte: Fernseher in der Rezeption, Speisesaal und Swimmingpool – alles im Miniformat – inklusive, wie es die europäischen Touristen angeblich mögen. Die nächsten zwei Tage würde es unsere Bleibe sein.

Am Abend machten wir dann den ersten Stadtrundgang als eine typische Touristengruppe mit Führer.

Marrakesch ist eine berückend schöne Stadt, seit 1 000 Jahren liegt sie rosa-orange leuchtend (das kommt von der traditionellen Art des Häuserverputzes) im wüstenartigen Zentrum des Landes, 160 Kilometer vom Meer entfernt an den Nordausläufern des Hohen Atlas. Trotz ihrer kargen Umgebung ist sie eine Gartenstadt, welche die BewohnerInnen und BesucherInnen in einigen offiziellen Gärten und Parks und vor allem in den exotisch gestalteten Innenhöfen der alten Riads (Bürgerhäuser) und privaten Paläste kühlende Zuflucht finden lässt.

Im alten Teil der Stadt, der Medina, die innerhalb von mittelalterlichen Mauern liegt, fühlt man sich in das Märchen von Tausendundeine Nacht versetzt. Und zum Zentrum dieses alten Teils, dem Platz Jemaa el Fna, zwischen der ältesten Moschee der Stadt und dem Souk gelegen, war unser Grüppchen nun unterwegs.

Auf diesem Platz mischt sich alles: in alte Trachten gehüllte Wasserverkäufer, Musiker, Schlangenbeschwörer, in deren Körben sich alles von den kleinen beweglichen Exemplaren bis zur großen Python ringelt, Geschichtenerzähler, die vor allem einheimischen Männern die Ereignisse vom Tag mit viel Phantasie gemischt verkaufen, Handleser, Zahnzieher mit Schüsseln voll der extrahierten Resultate ihrer Arbeit und viele, viele Buden, die kleine gekochte und gegrillte Gerichte oder einfach Saft, frisch gepresst aus kunstvoll geschichteten Türmen von Orangen, verkaufen.

Dazwischen schieben sich, manchmal ein bisschen verloren und verängstigt ob dem Ansturm von Lebendigkeit und sinnlicher Fülle, Scharen von TouristInnen, die sich an ihre Fotoapparate oder aneinander klammern, ihre Taschen festhalten und in einer Mischung aus Neugier und Misstrauen dem Treiben von fremden Menschen einer fremden Religion zusehen.

Dann teilen sich die Wogen – die Touristen suchen Sicherheit und kulinarischen Genuss in den Cafés und Restaurants, die den Platz umgeben. Viele davon sind auf den umliegenden Dächern gelegen, was noch besser erlaubt, mit wunderbarem Überblick, Aussicht auf den Hohen Atlas und genügend Sicherheitsabstand, das chaotische Treiben darunter zu beobachten.

Die Einheimischen bleiben meist zu ebener Erde als Teil der wogenden Masse. Je später der Abend, desto mehr Familien kommen in Großformation mit ihren Kindern, Großmüttern, Onkeln und Ehepaaren, um den ausgehenden Tag zu genießen, an den Buden etwas zu essen und den Geschichtenerzählern zu lauschen.

Wir gehörten zu ersterem Teil und gingen in eines der Dachrestaurants, aßen Tajine, das Nationalgericht, und schauten gebannt oder einfach nur gefräßig auf den von den Grillbuden aufsteigenden, in Rauchschwaden gehüllten Platz.

Der nächste Tag war noch einmal ganz der Stadt und ihrer Erkundung gewidmet. Unsere beiden Guides zeigten uns alles, was wichtig zu sehen sei. Daher waren diese Sehenswürdigkeiten überfüllt mit Leuten wie wir, den meist blonden, europäisch oder amerikanisch aussehenden, sonderbar gekleideten Touristen. Trotzdem waren diese unglaublich schön. Wir besuchten alte Sultansgräber, Koranschulen aus dem 16. Jahrhundert, Palastruinen, prachtvolle Moscheen von außen (Nicht-Muslime haben keinen Zutritt zu Moscheen), alte Handwerkerviertel und natürlich den Souk.

Der Souk in Marrakesch, aber sicher auch überall sonst in alten arabischen Städten, ist etwas ganz Besonderes. In verschiedenen, spezialisierten Teilen – es gibt z.B. den Lederwaren-Souk, den Färber- und Textil-Souk, die Teppich-»Abteilung«, die Holz- und Schnitzwarenecke, den Gewürz-Souk u.v.a. – drängen sich Tausende von überdachten Ständen, und was sie anbieten, ist ein Fest oder eine Attacke für die Sinne. Die Buntheit, die Gerüche, der Lärm, das Gedränge und das Geschick und die Aufdringlichkeit der Händler sind atemberaubend. Wer Ähnliches noch nie erlebt hat, wird vielleicht von Klaustrophobie, Hitzewallungen und Angst gepeinigt das Weite suchen. Wer sich einlassen kann auf den anarchischen mitreißenden Fluss der Lebendigkeit, wird Unvergleichliches sehen und dies überwältigt und innerlich bereichert mit sich nehmen.

Wir sahen in diesem knappen Tag jedenfalls so viel, dass die Gruppe immer wieder erschöpft um Pausen bat, um in einer etwas stilleren Ecke der Stadt einen Kaffee oder The à la Marrocaine trinken zu können und dabei wieder etwas auf den Boden zu kommen.

Die kurze Zeit in Marrakesch hatte mich jedenfalls so gefangen genommen, dass ich vier Monate später, kurz nach dem Wiedereinstieg in meinen Beruf, auf eigene Faust noch einmal kam, um in Ruhe die Fülle und Intensität der Stadt erneut aufnehmen und würdigen zu können.

Die janusköpfige Gestalt des Tourismus

Sie kennen das Gefühl vielleicht – mich beschleicht es jedenfalls immer, wenn ich im Ausland unterwegs bin, Touristengruppen beobachte oder – wie jetzt – selber Teil einer solchen bin: es ist mir ein bisschen peinlich.

Peinlich, was wir da suchen, wie wir es tun und wie wir uns inmitten fremder Kulturen benehmen. Dabei können wir eigentlich meist gar nichts dafür, denn unser Reisen geschieht in guter Absicht, wir lassen jede Menge Geld in anderen Ländern, wir sind der Liebling einer ganzen Industrie, wir kurbeln Volkswirtschaften an und trotzdem – wir wirken peinlich und manchmal sind wir es auch.

Reisen war ursprünglich mühsam, gefährlich und für die absolute Mehrheit der Bevölkerung entweder unerschwinglich oder völlig uninteressant. Es gab immer Leute, die reisen mussten – Boten, Händler, Regierungsbeauftragte oder Missionare. Sie taten es für die Interessen ihrer Auftraggeber, sie nahmen dabei außerordentliche Mühen und Gefahren auf sich und sahen dabei sicherlich auch besondere Dinge und hatten besondere Erlebnisse. Aber sie unternahmen ihre Reisen in verschwindend kleinen Zahlen.

Dann kam die europäische Aufklärung und mit Goethe begann der – meist deutsche – Wohlstandsbürger zu reisen, um sich zu bilden. Zuerst waren es in erster Linie die KünstlerInnen und LiteratInnen, die vor allem den antiken Stätten im Mittelmeerraum und Italien – dem Land, in dem die Zitronen blühen – huldigten.

Danach kam der Bildungsbürger dran und als dieser kein Geld mehr hatte, weil er in der Revolution von 1848 seine politischen Chancen und sein Glück verlor, kamen die Industriebarone und Geldbürger, die nicht mehr sosehr den Ursprüngen des europäischen Geistes nachstrebten, sondern lieber in den Seebädern und Kuranstalten, den ersten Skiresorts und den chicen Clubs saßen. Das, was unserem heutigen Tourismus ähnelte, war erfunden. Und als auch die Industriebarone untergegangen oder im Zweiten Weltkrieg verarmt waren, kam endlich der Massentourismus und mit dem Wirtschaftswunder der 60er- und 70er-Jahre noch mehr Massentourismus.

Wir – das heißt vorwiegend die Menschen der Ersten Welt – reisen in unglaublichen Zahlen durch die Welt. Wir wollen das Andere, das Fremde und Exotische, aber nicht zu viel bitte, sondern im geschützten Rahmen europäischer Lebens- und Konsumkultur, in den feinen Bettenburgen, möglichst am Meer.

Wir beobachten das Fremde und die Fremden wie exotische Tiere im Zoo. Wir wollen das festhalten, was wir da sehen, mit der Kamera und mit Geld, und dann schleppen wir es nach Hause in unseren Bau, um uns in den dürren Zeiten des Winters und der Überarbeitung daran erfreuen zu können. Das Reiseziel auf Foto oder Video gebannt und die Souvenirs sind unsere Beute und der Beweis, dass wir das Land »durch haben«.

Die US-AmerikanerInnen machen gerne »Europe in Five Days«, die EuropäerInnen tun das umgekehrt in der doppelten Zeit. Die ausgedehntere Reise-Variante ist dann schon die dreiwöchige Indienrundreise, natürlich mit deutschsprachiger Reiseführung. Die Yuppies absolvieren die spezialisierteren Programme – Bildungs- und Trekkingreisen mit dem teuren Spezialanbieter und die Superyuppies seilen sich über den Canyons von Utah ab oder machen Bungie-Jumping vom Zuckerhut – man spürt ja sonst nichts (mehr).

Sie merken, ich mache mich lustig, auch über mich selber. Aber wenn ich rot gegrillte, kurzbehoste Menschenscharen mit Plastikschlappen auf der Spanischen Treppe von Rom sehe, muss ich lachen. Wenn ich japanische Touristen mit ihren superteuren Teleobjektiven auf eine hinduistische Totenverbrennungszeremonie zielen sehe, werde ich wütend. Wenn ich sportlichen Mittvierzigern mit dem teuersten Trekkingoutfit auf dem Anapurna-Rundweg begegne, während die nepalesischen Träger jeder vierzig Kilo in Körben und mit dünnen Stoffpantinen an den Füßen auf 5 000 Meter hochhieven müssen, werde ich peinlich an mich selbst erinnert.

Wir haben aus Reisen eine Ware gemacht, ein Konsumgut. Wir wollen das haben an Schönheit, an Ursprünglichkeit, an Exotischem und an Erholungsräumen, das wir in unseren Breiten mit der industriellen Wachstumsgesellschaft längst kaputt gemacht haben. Das bezahlen wir mit viel Geld, daher meinen wir auch ein Recht zu haben, uns in diesen fremden Gegenden ordentlich breit zu machen. Dann sind wir erholt, damit wir wieder eine Weile in unseren Arbeitsmaschinerien durchhalten und fahren wieder in die Festung Europa oder Amerika, wo bitte umgekehrt keine Fremden hineinkommen sollen.

Ich bin x-mal genauso gereist, aus meinen Schilderungen haben Sie gelesen, dass ich all diese Vorstellungen und Projektionen auch hatte. Ich reise teils immer noch so und es hat ja auch was sehr Schönes und Bereicherndes, das Anderssein und das besondere Leben einer fremden Kultur zu genießen, aber wir müssen es, glaube ich, mit mehr Verstand und Sensibilität tun.

Auf meiner zweiten Marokko-Reise einige Monate später hatte ich im Souk eine denkwürdige Begegnung: Ein einheimischer Mann schimpfte. Er redete laut und ärgerlich vor sich hin, weil er sich von einer Touristengruppe gestört fühlte, dann schimpfte er auch auf mich. Ich war gut drauf, ruhig und nicht auf Verteidigung aus und fragte ihn auf Französisch, was er habe, was ihn denn so ärgere. Und er antwortete mir aufgebracht, aber höflich ungefähr so: *Sie kommen hier in unser Land, Sie kaufen alles, Sie glauben, Sie können alles haben, aber Sie verstehen nichts. Sie gehören nicht hierher, Sie verstehen unsere Kultur nicht, bleiben Sie zu Hause ...*

Ich versuchte zu argumentieren, dass ich seine Kultur respektiere, dass wir ja auch gut fürs Land seien, weil wir Geld bringen, aber er ließ sich nicht beirren. Und eigentlich fand ich, dass er auch Recht hatte.

Wir lassen uns meist nicht wirklich auf die Kultur ein, die wir besuchen, denn dann müssten wir alleine oder in ganz kleinen Gruppen reisen und wie die Menschen dort leben. Uns genauso fortbewegen und ernähren, ihre Sprache sprechen und uns um Kontakt und Verstehen bemühen. Dies ist sehr schwierig, in einigen Kulturen fast unmöglich und braucht sehr viel Zeit. Diese bringen wir aber nicht auf, sondern kommen wie von einem anderen Stern für kurze Zeit in ein anderes System, haben unsere Lebensart über eine Fremdenverkehrs-Infrastruktur längst dort implantiert und wollen sie wiederfinden, und wenn wir eine Weile unser Leben vor einer anderen Kulisse gelebt haben, fahren wir wieder.

Ich beschäftige mich immer noch damit, wie ein anderes Reisen aussehen könnte und experimentiere auf jeder Reise herum. Die gewohnten Formen sind so bequem und sicher, man muss sich wenig überlegen und kaum auseinandersetzen, man kann einfach den Liegestuhl in die Sonne schieben, die Beine lang machen und sich einen Drink bringen lassen. Und das ist ja auch total in Ordnung so.

Das andere Reisen ist anstrengender, man muss sich exponieren, aus den gewohnten Sicherheiten heraustreten, schauen und lauschen. Es ist wenig bequem und macht manchmal Angst, weil frau/man mit dem Fremden nicht umgehen kann. Aber generell – glaube ich – müsste unsere Art des Reisens langsamer, vereinzelter und stiller werden.

Und die wichtigste Veränderung passiert im Kopf – dass wir nicht mehr als die Herren der Welt, die mit dem hohen Entwicklungsstandard, in die fremden (ist gleich weniger entwickelten) Gegenden dieser Welt fahren, wo es zwar noch schön und »ursprünglich« (wenig Entwicklung) ist, wo die Menschen uns aber – vermeintlich – unterlegen sind und wir unseren Entwicklungsstand hinbringen wollen.

Das ist die kolonisatorische Form und Sichtweise, die uns allen noch in den Knochen sitzt und die wir lieber ablegen sollten, sonst wird unser Reisen eng(stirnig) und langweilig. Jedes Land, das wir bereisen, ist anders als unsere Kultur und hat ihr in vielen Bereichen einiges voraus.

Wenn ich mir das tausendjährige Minarett der Koutoubia in Marrakesch ansehe oder nur eine einzige kunstvoll gekachelte Wand in einem Riad, wenn ich die wunderbaren geschnitzten Fensterkästen eines alten Hauses in Nepal betrachte oder die unglaublich feinen symbolischen Webarbeiten einer Andenbevölkerung in Peru, wenn ich ein altes arabisches Gedicht lese oder die mystischen Klänge von indischer Raga-Musik höre, dann frage ich mich, was denn die Lebensweise der westlichen Industriewelt so besonders und überlegen macht und was es der amerikanisch-europäischen Denkweise erlaubt, sich an die erste Stelle zu setzen.

Wenn wir es schaffen, ohne Wertungen, mit großer Achtsamkeit und wirklich offen auf Reisen zu gehen, um zu staunen, zu lernen, anzuerkennen und Menschen zu begegnen, die uns etwas zu sagen haben und auch wir ihnen mehr zu geben haben als Geld, dann wird Reisen sehr erfüllend.

Hier in Marokko konnte ich immer beide Aspekte sehen – die Fremdheit, Ängstlichkeit und potentiell auch die Arroganz einer anderen Lebensweise gegenüber, aber auch Staunen und Bewunderung für eine große Kultur mit ihrer Lebendigkeit, ihrer Verfeinerung, ihren Problemen und ihrer Schönheit.

Im Passgang in die Kreidezeit

Am Tag darauf wurden wir wieder von unseren Fahrern abgeholt, die uns im Kleinbus an die Küste südlich von Essaouira brachten, wo unser Trekking beginnen sollte. Eine Woche Wandern am Meer erwartete uns, mit Leben im Zelt, Kochen unter freiem Himmel, vielen Stunden gehen und der freundlichen Hilfe von Kamelen, die – Göttin sei Dank – unser Gepäck übernahmen.

Die nächsten Tage nahmen den Rhythmus eines anderen Lebens an, eines anderen Kosmos, fern und abgeschieden von der einen, der gewohnten Welt. Durch das beständige Gehen, das Meer, die Hitze und den ziehenden, schlurfenden Klang der Kamelschritte kam ich in eine Stille, ja fast Meditation, die mich öffnete für alles, was ich dort sah.

Der Küstenabschnitt südlich von Essaouira, an dem wir wanderten, ist weitgehend menschenleer, karg und oft steil zum Meer abfallend. Wir standen meist früh auf, um die kühleren Vormittagsstunden, solange noch der Nebel auf den Küstenfelsen lag, zum Gehen zu nützen. Nach einem köstlichen warmen Frühstück brachen wir jeweils die Zelte ab, luden alles wieder in die Körbe zwischen die Kamelhöcker (auch Kamele scheinen Morgenstimmungen zu haben, denn das Beladen gefiel ihnen gar nicht und sie brüllten laut und setzten sich nur widerwillig in Gang) und machten uns auf den Weg. Gegen elf Uhr Vormittag riss der Nebel auf und gab endgültig den Blick frei auf eine spektakuläre Küstenlandschaft, steil, in bizarre Formationen ausgewaschen, von hoher Brandung umspült und in der Gischt glitzernd. Alte Erdbewegungen hatten vor Urzeiten breite Felsbänder schräg vom Meer kommend ins Land gelegt. Unten auf Meeresniveau waren ihre bemoosten Rillen gute Quartiere für Muscheln und Krabben, die einheimische Frauen und Kinder in der Frühe gerne sammelten. Auf den Felskanten dieser Bänder wuschen sie auch ihre Wäsche und schlugen sie trocken. Woher sie allerdings kamen – scheinbar aus dem Nichts – oder wo sie wohnten, konnten wir nicht herausfinden.

Die zerklüftete, ausgewaschene Küstenlandschaft zeigte uns wandernden Menschen, dass schon Äonen vor uns, vor mehreren hundert Millionen Jahren, unsere Vorgänger in Schalen und Schuppenpanzern diese Gegend bewohnt hatten. Wie in einem Aufriss der Erdgeschichte erzählten die ausgespülten Sedimentschichten über das Trias, das Perm oder die Kreidezeit – nur Paläontologen würden das genau einordnen können.

Auf Schritt und Tritt fielen uns versteinerte Muscheln und Schnecken aus dem Sandstein entgegen oder ragten aus dem Boden. Ihre Formen kennen wir heute nicht mehr, sie sind längst als Art von der Erdoberfläche verschwunden.

Aber hier waren sie in einer Üppigkeit vorhanden, die mich wirklich sprachlos machte.

Bald robbte und kletterte die ganze Gruppe als Hobby-Fossiliensammler durch die Gegend, um fäusteweise die dunklen olivenförmigen Muscheln oder die schwarzen röhrenförmigen oder die spiraligen Schneckenhäuser einzusammeln. An einem flachen Strandabschnitt, als wir schon längst nicht mehr suchten, weil die Rucksäcke für mehr Ballast keinen Platz mehr hatten, fiel mein Blick auf einen Steinkegel, der vom Klippenabhang herunterfloss, und meine Augen blieben hängen an etwas, das wie ein säuberlich herausgeschnittenes Viertel eines Brotlaibes aussah. Es war ein 90-Grad-Segment einer riesigen versteinerten Tritonsmuschel, die dort lag. In drei schenkeldicken Windungen hatte sie sich zu ihrem Zentrum gerollt, war irgendwann zerbrochen und hatte ungefähr 150 Millionen Jahre »gewartet«, bis sie nun von mir gefunden wurde. Ich konnte sie absolut nicht liegen lassen und bat schließlich den Kamelführer, ob eines der Tiere sie noch tragen könnte, was er gutmütig bejahte. So reiste meine Riesenschnecke aus der Kreidezeit Millionen Jahre später im Korb eines Kamels weiter, um dann in einer Metallbox über die Kontinente zu fliegen und schließlich – vorläufig – im Wohnzimmer eines Menschen zu enden. Ein sonderbarer Werdegang, wenn man es sich in der Tiefendimension der Zeit ansieht. Gerne würde ich wissen, wo sich mein geliehener Triton in weiteren 150 Millionen Jahren befinden wird, wenn wir als Spezies längst denselben Gang wie er gegangen und ausgestorben sind. Ist dann sein Spiralsegment noch irgendwo, zusammen mit meinen versteinerten Knochen, oder sind wir schon in der Glut der Sonne, die dann zum weißen Zwerg geworden sein wird, zerschmolzen und in die Unendlichkeit des Alls vaporisiert?

Tiefsinnige Gedanken konnte frau da bekommen, auf dieser langen Wanderung in die Erdgeschichte, diesmal an einer wieder anderen Ecke der Erde – wenn die Geschichte der Menschheit angesichts der so viel längeren Geschichte des Planeten zu einem Atemzug wird und sich in ihrer Wichtigkeit relativiert. Das tagelange, gleichförmige Gehen, die karge Landschaft, der Rhythmus des Meeres und unser eigener langsamer Rhythmus, angepasst an das Maß der Tiere und der anderen Menschen, mit denen wir gingen, beförderten das noch.

Nach einer Woche kehrten wir zu Fuß nach Essaouira zurück, erlebten dort noch ein Gnaoua-Festival mit, ein Fest traditioneller marokkanischer Musik, das für die Bevölkerung so wichtig ist wie für uns ein Popkonzert der absoluten Spitzenklasse, und verlagerten dann unsere Wanderroute in den Hohen Atlas. Die zweite Woche würden wir dort in einem Hochtal am Fuße von Drei- und Viertausendern verbringen.

Die Welt der Berber

In den letzten Tagen war die Hitze sprunghaft angestiegen und als wir in unserem Kleinbus in endlosen Stunden die 200 Kilometer von Marrakesch in die Berge zurücklegten, war das Thermometer auf 40 Grad hochgeklettert – eine für mich kaum auszuhaltende Temperatur. Trotzdem entschädigte die Landschaft für alles. Die Straße führte, zuerst noch asphaltiert, durch wüstenartige Landschaft zu wüstenartigen Städten und schließlich in zahllosen Serpentinen und

Staub tief ins Gebirge, ins Gebiet der Berber. Der Hohe Atlas ist eine Gebirgskette von majestätischer, abweisender Schönheit. Die Berge sind kahl, teils schroff und felsig, teils abgerundet und – je nach Tageszeit – in allen Erdfarben von Grau, Ocker über Rot und Schwarz schimmernd. Trotz des extremen Klimas entdeckt man bei genauem Hinsehen bis in höchste Höhen kleine Felder, welche die Menschen den schwierigen Bedingungen abringen, um dort vorwiegend trockenheitsresistentes Getreide anzupflanzen. Jede unterirdische Quelle, jeder Ansatz eines Wasserlaufs wird genützt und es wird während der kurzen Regenzeiten im Frühjahr angepflanzt. Nun war Anfang Juni und Erntezeit, und die Menschen waren von der Morgen- bis zur Abenddämmerung auf den Feldern, um die Ernte einzubringen.

Endlich, nach acht Stunden Fahrt, kamen wir ins Ait Bougmez, ins »Glückliche Tal«, und bezogen in einem kleinen Berberdorf ein traditionell gebautes und stilvoll renoviertes altes Lehmhaus. Der Ort war das Heimatdorf unseres Führers und in den kommenden Tagen durften wir kennen lernen, wie eine traditionelle Gesellschaft in ihren alten Lebensformen, von denen man nicht sagen könnte, ob sie 3000 Jahre alt sind, 200 oder von heute kommen, existiert. Das Volk der Berber ist die indigene Bevölkerung des Atlasgebirges und ist viel länger da als die arabischstämmigen BewohnerInnen der Ebenen. Sie wurden islamisiert, haben aber immer noch Reste von Naturreligionen in ihrem Alltagswissen bewahrt. Viele von ihnen sprechen noch heute ausschließlich »Berbère« und verstehen kein Arabisch. Die Frauen verschleiern sich nicht und sind wesentlich autonomer als ihre arabischen Schwestern. Dennoch gibt es eine strikte Rollen- und damit Arbeitsaufteilung. Wenn wir in der Früh zu unseren Wanderungen aufbrachen, waren die Menschen schon in den Feldern. Bei

Morgengrauen, nach dem Ruf des Muezzins und dem Morgengebet, waren sie mit den Handsicheln und Tragekörben zu ihren Anbauflächen aufgebrochen, um die Ernte einzubringen. Alles vom ersten Handgriff im landwirtschaftlichen Jahr bis zum letzten wird mit der Hand gemacht. Das Schneiden des Getreides ist Männerarbeit, dabei wird fast dauernd gesungen – wie wir erfuhren in Liedern über die Liebe, Unglück in der Liebe und die Härte des Daseins.

Die Frauen sind dafür zuständig, die Garben nach Hause zu tragen. Sie binden sie in riesigen Ballen auf den Rücken und tragen alles tief gebückt auf den jeweils familieneigenen Dreschplatz. Da sieht frau/man dann diese enormen »Garbenbündel mit zwei Beinen« und fragt sich, wie die Frauen das schaffen und denkt mit Grausen an die Rückenbeschwerden, die sie sicher bald davon bekommen.

Auch die Frauen haben eine Art Lied, das nur ihnen vorbehalten ist, besser gesagt, es ist eigentlich ein Jauchzen, mit dem sie sich über ganze Täler hinweg verständigen. So hörten wir oft nach den Liedern der Männer dieses Juchzen und Jodeln und viel Gelächter, das mich staunen machte, mit wie viel Fröhlichkeit und Gleichmut diese Menschen ihre harte Arbeit ausführen. Am Dreschplatz wird das Getreide kreisförmig rund um einen Pfahl ausgelegt und dann müssen die Tiere der Familie ran. Am kürzesten Strick, um den innersten Kreis zu gehen, wird ein Esel angebunden, dann kommt der etwas größere Maulesel, der mit seinen längeren Beinen den größeren äußeren Kreis gehen kann und – so vorhanden – wird ganz außen noch eine Kuh angespannt. Die Tiere werden von den älteren Kindern der Familie, die für die Feldarbeit noch zu klein sind, herumgeführt. Unter ihren Hufen werden die Körner von der Spreu getrennt und dann eingesammelt und in die Vorratsräume der Familie gebracht.

Erst am Abend in der Dämmerung ist die Arbeit zu Ende und die Menschen kehren in ihre Lehmhäuser (die Ziegel sind handgemacht aus Erde und bleiben ungebrannt) zurück – die Männer auf dem Esel reitend, die Frauen zu Fuß.

Wir gingen es langsam an in diesen Tagen, um uns an die Hitze und die Höhe zu gewöhnen.

Am ersten Tag wanderten wir nur einige Stunden rund ums Dorf, in Alleen von uralten Nussbäumen, an Bewässerungskanälen, alten Mühlen und den kleinen, von Steinwällen eingegrenzten Feldern entlang. Wir tauchten ein in den Rhythmus des Dorfes, und wenn man die Nussbäume betrachtete, wusste man, dass diese schon viele hundert Jahre alt sind. Die Atmosphäre war archaisch und machte mich still und nachdenklich über diese Art zu leben, die ich niemals leben könnte, die ich als emanzipierte Frau des Westens nur ablehnen müsste und die mich doch sehr beeindruckte. Auf unseren Rundgängen kamen wir auch in die zentrale Dorfstraße. Erst seit ein paar Monaten war aus der Sandstraße eine asphaltierte geworden, was den Verkehr und Besuch sehr gesteigert hatte und mir sprang sofort ein anachronistisches Bild ins Auge: Alle Häuser waren im traditionellen Berberstil errichtet, aus den erwähnten Lehmziegeln mit einem Dach aus Ästen, Stroh und Steinen – aber an vielen staken schon die grauen Satellitenschüsseln, die auch die uralte Welt des »Glücklichen Tals« mit dem Industriezeitalter verbinden. Und obwohl das Dorf noch ohne Elektrizität lebte, stellte das kein Hindernis dar, denn die Schüsseln werden mit Benzin-Generatoren zum Funktionieren gebracht.

Ait Bougmez wird in zehn Jahren nicht wieder zu erkennen sein, Touristen wie wir werden in viel größerer Zahl ins Tal kommen, die Menschen hier werden glauben, aufholen zu müssen, um das an Konsumsegnungen zu erreichen, was ihnen täglich via Satellit in der Werbung angepriesen wird. Und es wird ihr Recht sein, aufzuholen, um Erleichterung in ihrer harten Existenz zu bekommen. Aber viel, das nicht in Geld und Wachstum zu bemessen ist, wird auf der Strecke bleiben.

Der nächste Tag brachte eine der schönsten und härtesten Wanderungen, die ich je gemacht hatte. In der Früh gingen wir, um möglichst lang im Schatten zu bleiben, durch einen tief ausgewaschenen Canyon, der in der Regenzeit das Wasser von den Bergen in den Fluss des Tales leitet. Nun war er trocken, von roten Bändern durchzogen und an seinem Grund mit rundgeschliffenen Kieseln bedeckt. Mitten in einem Feld erreichten wir wieder die Oberfläche, dann schützten uns die Nussbäume noch eine Weile und schließlich tauchten wir ein in den Beginn eines steinigen Hochtals und mit ihm in eine mörderische Hitze. Links und rechts reichten kahle Bergflanken zu dem ausgetrockneten Bach herunter, der eben noch unser Canyon gewesen war. Das Einzige, was hier noch gedieh, waren alte niedrige Wacholderbäume. Mühsam keuchten wir hoch, dauernd trinkend und unter den Temperaturen und der Steilheit stöhnend. Die Hitze war jetzt zur Mittagszeit so groß geworden, dass ich sie fast als grausam und gefährlich empfand. Sie ängstigte mich und ich wollte mich wie ein Tier nur unter irgendeinem Überhang, einem großen Felsen oder einem Bäumchen verstecken, um den Tag abzuwarten und die Hitze auszusitzen.

Aber unser Führer war unbeirrbar. Wir müssten weiter, denn höher oben würde sich ein fruchtbares grünes Hochtal öffnen, wo wir im Schatten Mittagsrast machen könnten.

Ich schob irrationale, von der Hitze gemalte, angstvolle Bilder weg und kämpfte mich weiter. Schließlich kamen wir zu einer Geländestufe und hinter ihr öffnete sich in einem sanften Bogen das angekündigte Hochtal und ich glaubte meinen Augen nicht zu trauen. Vor mir lagen im gleißenden, scharfen Licht des Mittags üppige Almflächen mit großen, leuchtend bunten Blumenfeldern – ein Rot, ein Gelb, ein Violett, ein Weiß wie ich glaubte, es noch nie gesehen zu haben, dahinter das Panorama des N'Goun, des höchsten Berges Marokkos, der sich in all der Glut ein paar Schneefelder erhalten hatte. Mir stiegen die Tränen hoch vor so viel Schönheit und wohl auch aus Erschöpfung. Gern wäre ich hier geblieben, hätte mich einfach in die Mohn- oder Glockenblumen, die wilden Rosen oder den gelben Klee gelegt, aber wir mussten noch immer weiter. Noch höher oben dann ein paar Häuser von nomadisierenden Hirten, strahlende, dreckige, neugierige Kinder und – der Coca Cola-Händler. So weit weg und hoch oben kann frau/man offenbar gar nicht sein, als dass nicht die weltumspannende Scheußlichkeit des »Gringo-Gebräus« (Zitat eines chilenischen Freundes von mir) auch hier zu genießen wäre. Heraufgeschleppt auf fast 3 000 Meter, und in einen riesigen alten Krug im Boden zur Kühlung versenkt, kostete die Cola doppelt so viel wie im Tal – ein gerechter Preis, wenn man die Mühen des Händlers mit einrechnet. Ich verweigerte mich wieder einmal und wartete auf das gefilterte Wasser, das so öd und schal gar nicht schmecken konnte, als dass Cola es ausstechen konnte – für mich zumindest.

Dann endlich, längst hinter der Alm und wieder in einem steinigen Flussbett, dessen hoher Strauchbewuchs aber irgendwelche geheimen Quellen verriet, machten wir Rast. Der Bruder unseres Führers hatte mit seinem weißen Muli Bulgur und Gemüse für 10 Leute den Berg hochgeschleppt und bekochte uns nun. Danach verkroch ich mich im Gebüsch und mein satter Bauch, der Schatten und ein kurzer tiefer Schlaf stärkten mich so weit, dass ich ohne Ängste und Erschöpfung für die Rückwanderung bereit war. Was wir fast vier Stunden hinaufgelaufen waren, gingen wir nun in der halben Zeit wieder hinunter, um bei Sonnenuntergang sehr matt, aber innerlich satt und erfüllt bei unserem Quartier anzukommen. Bei Thé à la Menthe kam die Dämmerung, bei einem köstlichen Abendessen der Mond und als die Kerzen im Hof und auf den Terrassen schon fast heruntergebrannt waren, erklang ein letztes Mal an diesem Tag der Ruf des Muezzins. Wieder überkam mich dieses Jahrtausende-Gefühl und ich ging erfüllt ins Bett.

Doch der Tag dürfte zu viel gewesen sein für einige von uns. Am nächsten Morgen war die Hälfte der Gruppe krank, verbrachte viel Zeit auf der Toilette oder hatte Fieber. In den nächsten zwei Tagen war an Wandern nicht mehr zu denken und am dritten würden wir wieder zurückfahren. Diese allerletzten Tage blieben mir nur noch als Hitzeschlacht und mühsames Durchstehen in Erinnerung. Auf der Rückfahrt hatte es im Kleinbus 47 Grad, in Marrakesch 45, was selbst in der Nacht nicht unter 38 Grad absank und ich war dauernd in der Hitzepanik, nun gleich irgendwo umzukippen, zusammenzubrechen und in den höchsten Temperaturen meines Lebens zu verschmoren.

Ich erholte mich nicht wirklich, flog mit noch immer rebellierendem Bauch zurück und kam eher im Delirium und mit hohem Fieber in Wien an. Trotz dieser zwei wunderschönen Wochen war klar – nie wieder Marokko Anfang Juni, denn da ist es schon viiiiieeeel zu heiß.

Von der Ersten zur Zwanzigsten Welt

Meine Sabbatzeit neigte sich dem Ende zu und die Etappe des Reisens war abgeschlossen. Ich war viel herumgekommen, war als Europäerin, als typische Angehörige der Ersten Welt auf die andere Seite des Erdballs zu den »Kiwis« gefahren, dann nach »Down Under«, wieder retour, dann in ein islamisches Land und seine entlegensten Gebiete. Ich war bei diesen Reisen in viele Welten gegangen, auf Landkarten geographisch fixierbare oder nur atmosphärisch erkennbare. In Kopfwelten, in emotionale, kulturelle, spirituelle und in Naturwelten. Sie alle zu erleben, sehen oder fühlen zu dürfen, hatte Grenzen in mir aufgeweicht oder sie sogar gänzlich verwischt. Und das Paradoxe war, dass, je weiter meine Reisen mich geführt hatten (auch frühere und spätere in andere Kontinente), die »Welt« kleiner wurde und zusammenrückte. Die qualitativen Unterschiede waren nicht mehr auszumachen, die Trennlinien nicht mehr eindeutig zu ziehen.

Im Nachhinein gesehen bin ich an diesem Punkt, nach der Rückkehr von langen Reisen, immer verwirrt gewesen, weil ich die Vielfalt, die Andersartigkeit, die Werte anderer Welten in mir mitgenommen hatte und dadurch jene meiner gewohnten Welt mit ihren Haltegriffen und Gewohnheiten nicht mehr als so absolut wichtig und gültig anerkennen konnte.

Die Urteile über unsere jeweilige Lebenswelt entstehen vorwiegend aus Gewohnheit und Nichts-anderes-Kennen, meist also aus einem engen Fokus. Wenn ich mein Leben an einem Bankschalter verbringe, werde ich die Arbeit in einem Reisfeld in Bangladesh nicht beurteilen können und wahrscheinlich gering schätzen. Wenn ich gewohnt bin, meine Kleidung bei H&M zu kaufen, werde ich die Webarbeit einer peruanischen Bäuerin vielleicht als primitiv oder zumindest als exotisch betrachten. Wenn ich nur die britischen oder US-Popcharts als Bewertungskriterium habe oder, in der gebildeten Variante, die Choralmusik von Bach als das höchste Kulturgut betrachte, wird mir die Volksmusik von polnischen Roma als hinterwäldlerisch oder unmusikalisch vorkommen.

Die meisten unserer Urteile sind Vorurteile, und die Engstirnigen kommen ohne sie nicht aus. Sie dienen immer der Abgrenzung und im Innersten der Abwehr von Angst vor dem Anderen und Unbekannten.

Wir ZentraleuropäerInnen halten uns für das Zentrum der Kultur und Entwicklung und zusammen mit den USA für die wichtigsten Nationen der Welt. Aber nach welchen Kriterien, nach welchen Wertmaßstäben? Nach selbst gesetzten, die genau nur auf die Umstände unserer Welt passen.

Diesen engen Rahmen der selbst gebastelten Kriterien kann Reisen aufheben. Wenn wir plötzlich in einer südamerikanischen Zeitung eine andere Sichtweise von – sagen wir – der Situation in Venezuela hören, ist auf einmal keine Rede mehr von derjenigen in der Frankfurter Allgemeinen und niemand gibt einen Cent auf die Werte der Börsen-Indizes. Oder wenn wir von der harten Arbeit eines indischen Rikschafahrers profitieren, ist die Figur des Londoner Bankers mit seinem Maßanzug und dem Laptop in jeder Lebenslage hier unwichtig und lächerlich. Wenn wir in der heißen Schwüle eines tropischen Regenwalds sitzen, scheinen die Weite und Kargheit des mongolischen Hochlands unvorstellbar und ersehnenswert und umgekehrt. Wie gesagt – alles eine Frage des Blickwinkels.

Werturteile sind absolut unnötige und sogar hinderliche Kriterien, die Welt zu sehen. Die Erste Welt ist nicht besser als die hundertste, sie ist einfach anders. Die hierarchische Ordnung von Welten ist ungeeignet, sie richtig zu erfassen. Vom Mikrokosmos des subatomaren Bereichs bis zum Makrokosmos der Galaxien ist unser Leben in Systemen organisiert, die ihre eigene Charakteristik, ihren Wert und ihre Berechtigung haben. Der Banker ist nicht besser als der Rikschafahrer, Bach nicht besser als Roma-Musik, Christentum nicht besser als Islam. Sie sind anders und jeder/jedes trägt einzigartige Qualitäten, diese Welt zu bereichern.

Die einzige Frage, die überall gültig ist und uns verbindet, ist die nach dem »Guten Leben« (aber nicht im Sinne von materiellem Reichtum): Ist die Existenz in der jeweiligen Welt, dem jeweiligen System des Lebens (das kann ein Wald sein, eine Stadt, ein Arbeitsplatz, ein Orchester, eine Zelle ...) so, dass die Lebewesen (auch nichtmenschliche) ihr Potential entfalten können und für sich und zum Wohl aller ein positives, förderliches Klima schaffen können? Die Buddhisten haben den sehr einfachen Satz: Jedes Wesen will glücklich sein und frei sein von Leid. Das gilt vom Menschen zum Baum bis zur Mücke, in der Ersten, der Dritten und der weiß-wievielten Welt.

Wiedereintritt in die Erdatmosphäre

Lesen

Nun war es Anfang Juli und meine Auszeit wurde knapp. Nur noch die beiden Sommermonate standen vor mir, am ersten September würde ich in meinen Betrieb und an meinen Schreibtisch zurückkehren. Ich verspürte das dringende Bedürfnis, mich auf diesen Wiedereintritt gut vorzubereiten. Ich würde von einem Tag auf den anderen wieder in eine neue, also eigentlich alte Zeiteinteilung hineinfallen, in ein wesentlich erhöhtes Lebenstempo und alle Anforderungen meines Berufes und meiner Sparte. Ich erwartete von mir, vom ersten Tag an wieder die kompetente und voll informierte Leiterin meiner kleinen, hochspezialisierten Agentur sein zu können und den Anforderungen meiner Kunden vom Wiederbeginn an möglichst zu entsprechen. Das brauchte intensive Vorarbeiten und eine möglichst breite Information über alle branchenwichtigen Ereignisse während meiner Abwesenheit. Diese Information würde ich natürlich nur mit Hilfe meiner beiden MitarbeiterInnen bekommen. Ich ging also in der nächsten Zeit öfter in »mein« Büro, um in ersten Teambesprechungen den Stand der Dinge zu erfahren.

Wieder in meine Betriebsräumlichkeiten zu kommen, war ein sehr eigenartiges Gefühl. Ich fühlte mich ein bisschen wie durch einen Trichter aus einem großen, offenen Raum in einen bekannten, aber auch begrenzten Bereich gedrückt. Die Zeit war in den gewohnten Büroräumen scheinbar stehen geblieben bzw. in ihrem üblichen systemimmanenten Rhythmus vorangeglitten. Nur ich war in eine andere Zeit und Welt gegangen und kam jetzt wirklich wie »from outer space« wieder auf den gewohnten Boden der Berufswelt zurück.

Nach drei, vier intensiven Besprechungen ging ich, bepackt mit dicken Stößen Branchenzeitungen und inhaltlichem Arbeitsmaterial, zurück in meine Welt und den verbleibenden Sommer.

Aus diesem kurzen Erlebnis – ich war ja noch keineswegs ganz zurückgekehrt – können Sie sehen, welche Themen bei der Rückkehr in die Berufswelt anklingen. Wobei ein Wiedereinstieg für Selbstständige m. E. eine wesentlich komplexere Angelegenheit ist als für Angestellte, die mehr oder weniger an einen leeren Schreibtisch zurückkehren (sollte ich aus Unwissenheit hier arrogant geworden sein, mögen mir die angestellten LeserInnen verzeihen). Ein/e BetriebsleiterIn muss vom ersten Augenblick an wieder voll da sein. Es gibt keine Schonzeit für langsames Einarbeiten, sondern die Kunden und die Branche erwarten, mit einer Führungsperson zu sprechen, und die muss top informiert und präsent sein. Diese Informationen muss man sich rechtzeitig vorher zulegen und das Erwerben derselben verkürzt leider Ihre Sabbatzeit.

Ich fuhr also, bereits wieder mit ca. 20 Kilo-Stapeln beladen – so hatten nämlich alle meine Sommer bisher ausgesehen –, in eine arbeitsreiche Restsabbatzeit aus Lesen, Lesen und nochmals Lesen. Die nächsten Wochen wurden eine sonderbare Mischung aus dem gewohnten Freiraum der letzten sieben Monate und einem, vorerst noch rein mentalen, konzentrierter und fokussierter Werden, das auch ein enger Werden bedeutete. Ein Verpflichtungs- und Leistungsgefühl stellte sich leise wieder ein und der Wind dessen, was bald wieder auf mich zukommen würde, wehte mich an.

Das einzige neue und neugierige Vorhaben, das noch zu meiner Auszeit gehörte, war der erwähnte Kurs im Barmixen. Im Hochsommer lernte ich ein bisschen, mit den Flaschen zu jonglieren, wie man Alkoholmengen richtig dosiert und in welchen Mixturen sie am besten schmecken. Dieser Kurs symbolisierte für mich etwas von Leichtigkeit, Spielerischem und Genuss (wobei der Beruf eines Barmixers beinharte Arbeit zu schrecklichen Zeiten ist) – vielleicht unbewusst ein Wunsch nach einem anderen Arbeitsstil? Der Herbst und die nachfolgende Zeit würden es weisen.

Zurück im Chefsessel?

Am ersten September 2002 war es so weit: Ich betrat in persona und hochoffiziell, gerade an der Eingangstür wieder in meine alte Rolle geschlüpft, wieder mein Büro. Und der erste Blick zeigte bereits, dass alles anders geworden war – die Ordnung war neu! Und zwar ganz und gar nicht in meinem

Sinne. An meinem Arbeitsplatz bin ich ein sehr ordentlicher Mensch und brauche – fast ein bisschen zwanghaft – auch räumlich sehr klare und genaue Strukturen. Ich hatte gewisse Vorstellungen, wie Archivier- und Sortiersysteme auszusehen hatten, wie Regale befüllt und beschildert werden sollten und wo Kundendaten zu finden sein müssten – und ich hatte diese Vorstellungen in den Jahren vor meiner Auszeit natürlich umgesetzt und fortgeführt.

Meine MitarbeiterInnen hatten das in meiner Abwesenheit ein bisschen anders gesehen und eben ihre Ordnung hineingebracht. An sich ganz natürlich und okay. Aber nicht für mich, ich fühlte mich gestört und am Rand stehend, was ich ja auch war.

Auch mein Computer war nicht wiederzuerkennen, weil natürlich jede Menge andere und neue Files dazugekommen waren und das Ordnungssystem auch dabei etwas umgestellt worden war. Die ersten Tage gehörten also ganz den Bemühungen, die »Alte Ordnung« wiederherzustellen. Wie symbolisch!

Heute noch, aus großer zeitlicher Distanz und einem besseren Überblick auf die Gesamtsituation, sehe ich mit Erstaunen und Beeindruckt-Sein, welch kleine und scheinbar nebensächliche Dinge zutiefst symbolisch sind und Rückschlüsse auf die ganze Struktur geben. Jede/r SystemtherapeutIn hätte ihre/seine Freude an uns gehabt. Und würde sie bald wirklich haben ...

Die Struktur, das System meines Betriebes hatte sich ohne mich geändert und weiterentwickelt und war von anderen Menschen mit anderen Arbeitsstilen und -vorstellungen gestaltet worden.

Auf diese völlig selbstverständlichen Vorgänge müssen Sie als Rückkehrende/r aus einer Sabbatzeit eingestellt sein. Ebenso wie das Aussteigen in diese Zeit ist der Wiedereinstieg eine eher unangenehme Lektion für das Ego. An den Veränderungen in Ihrem Büro werden Sie bemerken, dass die eigene Wichtigkeit in einem funktionierenden Betrieb eine sehr relative Sache ist und sich die berufliche Welt auch ohne Sie recht gut weiterdreht. Wer rausgeht, ist weg, sofort, und somit auch in seiner Bedeutung weg vom Fenster. Die Branchen haben ein kurzes Gedächtnis und wer nicht mehr Teil der jeweiligen Berufswelt ist, ist nicht mehr Mitspieler und daher ohne Wichtigkeit. Für Menschen, die sich sehr mit ihrem Berufsleben identifizieren und viel an Selbstwert und Sicherheit daraus beziehen, ist diese Erfahrung bitter.

Zwar lässt sich dieser ganze Vorgang mit dem Wiedereinstieg in Ihre Position wieder umkehren, aber an den Übergängen knirscht und reibt es. Was sich in meinem Betrieb aber – vorerst nur subtil bemerkbar – am meisten geändert hatte, war die Gewichtung im Team und die Gruppendynamik.

Wenn Sie als Selbstständige/r einige Monate bis ein Jahr in Ihrem Sabbatical waren, erwarten Sie innerbetrieblich nicht, jemals wieder in den gleichen Fluss zu steigen. Gerade in Unternehmen mit flachen Hierarchiekurven und partnerschaftlichem Arbeitsstil haben sich Ihre MitarbeiterInnen in Ihrer Abwesenheit weiterentwickelt, sie sind gewachsen – etwas, das Sie so wollten und gefördert hatten, auch um Ihren Betrieb gut verwaltet zu wissen. Als BetriebsleiterInnen haben Sie fähige KollegInnen gebraucht, Ihre und daraus folgende frei werdende Positionen auszufüllen. Sie haben ihnen Karrierechancen und Wachstum angeboten. Nach Ihrer Rückkunft ist nicht zu erwarten, dass jene diese Chance nicht ergriffen haben. Gerade gute, engagierte KollegInnen wollen aufsteigen und wenn Sie zurückkommen, ist der ganze Trupp eine Station nachgerückt und Ihr Platz vorerst besetzt. Sie können natürlich nicht die guten engagierten Mitarbeiter, die ein Jahr lang Ihre Firma nach bestem Wissen »geschmissen« haben, in die hinteren Reihen zurückverweisen. Sehr viel Fingerspitzengefühl und Führungskompetenz oder vielleicht einfach Sensibilität und Bereitschaft zu intensiven Gesprächen für eine gemeinsame Neupositionierung der Firma in ihrer Führungsebene sind nötig.

Im Falle meiner Firma war die Situation so, dass mein langjähriger Mitarbeiter in meine Position aufgerückt war und die junge Kollegin, die einige Monate vor meiner Abreise eingestellt worden war, den Großteil ihrer Zeit ohne mich gearbeitet hatte. Eine ältere Kollegin, die uns stundenweise unterstützt hatte, stand etwas außerhalb und war zu allen Beteiligten gleich loyal. Wir hatten also eine Dreieckssituation – eine der schwierigsten, konfliktträchtigsten Konstellationen im Team. Mein Mitarbeiter wollte seine Position nicht so leicht aufgeben und war in seiner Stellung sehr gestärkt, denn er hatte seine Sache gut gemacht und hatte sich bewiesen. Meine junge Kollegin war mittlerweile gut eingearbeitet, aber nicht von mir, sondern war einen anderen Chef gewöhnt, hatte meinen frühen Weggang vielleicht nicht so gut verkraftet und behandelte mich mit Skepsis und Launenhaftigkeit.

Meine Wiedereinstiegsposition war daher relativ schwach und es dauerte einige Wochen, bis ich, vielleicht auch mit mehr Nachdruck als früher üblich (was auch wieder zu Reibereien führt), meine Position wieder eingenommen hatte.

Die wirtschaftliche Entwicklung in der Zeit einer längeren Abwesenheit ist natürlich auch zu beachten und spielt in die noch labile, neue, alte Konstellation stark mit hinein. In unserem Fall hatte die Buchbranche gerade in jenem Jahr starke Rückgänge, Personalkürzungen und reduziertes Kaufverhalten zu verzeichnen.

Neben der veränderten Teamsituation hatten wir also auch mit einer veränderten und angespannteren Außensituation zu kämpfen, die neue Strategien in der Positionierung und dem Leistungsvolumen des Betriebes verlangte. Wir spürten, dass wir das allein nicht schaffen würden und einen Impuls von außen brauchten – wir holten uns Hilfe und nahmen für einige Monate ein Team-Coaching in Anspruch.

Generell ist solch eine begleitende Beratung in Zeiten der Veränderung jedem Betrieb anzuraten und Firmen, die in eine positive Teamkultur investieren wollen, sollten sich so eine Begleitung sogar regelmäßig gönnen. Ein Termin, an dem ohne Ängste und Hemmungen Dinge ehrlich angesprochen werden, Konflikte im geschützten Rahmen ausgetragen werden können und Frustration, Machtspielchen und Groll gehen können, um der positiven und kreativen Energie Platz zu machen, die wir ursprünglich alle einmal in die Arbeit hineingetragen haben.

Gerne arbeiten

Womit wir uns dem zentralen Punkt nähern, weswegen Sie vielleicht in ein Sabbatical gehen wollen oder in einem waren und auch weswegen Sie wieder eingestiegen sind: dem Gefühl, gerne zu arbeiten, dem eigentlichen Grund – neben Geldverdienen –, warum und wie wir Arbeit tun sollten.

Sie erwägen eine Auszeit, weil Ihnen dieses Gefühl vielleicht schon lange verloren gegangen ist und Sie es vermissen? Sie wollen wieder spüren, wie es ist, von etwas »gezogen« zu werden; von der Art und den Inhalten einer Arbeit und dem, was Sie darin bewegen können, so angezogen zu sein, dass Sie sagen können *ich arbeite gerne*!?

Gerne arbeiten ist eine der Säulen unserer Identität. Es gibt das Gefühl, Sinnvolles zu tun, Freude dabei zu haben und dafür die entsprechende (finanzielle) Anerkennung zu bekommen.

Die Kehrseite dessen, wenn zu viel »gerne gearbeitet« wird, wenn die Arbeit zu sehr als Stützung von Identität und Selbstwert herhalten muss und die Balance aus dem Lot gerät, ist der Burn-out.

Wenn die Arbeit – zumindest in Ansätzen – nicht aus dem Herzen kommt, sondern nur einer Fassade, der Anhäufung von Geld und Status dient, bleibt die/der Berufstätige hohl – Erschöpfung, Frustration und Sinnlosigkeitsgefühle werden mit dem Job verbunden.

Und wenn die Tätigkeit ausschließlich einem knappen Überleben dient, hart und unterbezahlt ist, also zu wenig Anerkennung und positive Gefühle bringt, wird das Leben der Betroffenen ebenso knapp und eng sein, ohne dass der Aspekt des Gerne-Arbeitens überhaupt in Erwägung gezogen werden kann.

Auf Dauer Arbeiten zu tun, die wir nicht gerne machen, tut uns nicht gut. Im schlimmsten Fall macht es krank, auf einer feinstofflicheren Ebene macht es stumpf und wir verlieren ein wichtiges Messinstrument, einen zentralen Indikator für unser In-der-Welt-Sein – nämlich unsere Gefühle. Im Wort Beruf steckt auch »Berufung«, ein Ruf, den wir hören/fühlen und dem wir folgen sollten.

Ich gehörte und gehöre vorwiegend zur ersten Gruppe – die Leute, die gerne und engagiert arbeiten und so viel bewirken, erreichen, verändern wollen, dass sie dann irgendwann nicht mehr wollen und ausgepowert sind. Leute, die ein Stück ihres Selbstwertes und ihrer Sicherheit aus Anerkennung und Erfolg bekommen. Gemischt mit der zweiten Gruppe – den Menschen, die diesen Erfolg auch äußerlich über Status sichtbar machen wollen.

Wie Sie wissen, bin ich in eine Sabbatzeit gegangen, weil ich ausgelaugt war und mir die Freude und der Sinn an meiner Arbeit ein Stück abhanden gekommen waren. Ich hatte die Chance und das Privileg, viele Monate meine Batterien wieder aufzuladen und auf das Wiederauftauchen des Gefühls der Freude, des Gerne-Tuns und des Gezogenwerdens, des »Wo-zieht-es mich-Hin« horchen zu können.

Nun stand ich am Beginn meines Wiedereinstiegs in den Job, und an der Freude an meiner Arbeit mangelte es mir nicht. Ich hatte mich gefreut, wieder da zu sein, mich wieder zu engagieren und die Dinge wieder selber in Bewegung zu bringen und ihre Resultate zu ernten. Ich hatte die Erfahrung von neun Monaten eines anderen Lebens im Rücken und meine »alte« Art von Arbeitserfahrung, meine bisherige Art, Arbeit zu tun – was unmittelbar die nächste Frage auftauchen ließ:

Mehr vom Gleichen?

Wer aus einer Auszeit an denselben Arbeitsplatz zurückkehrt und seine Arbeit tut wie bisher, also an den Strukturen, die sie oder ihn in ein Sabbatical brachten, nichts ändert oder ändern kann, wird schnell wieder im alten Fahrwasser landen, und der Effekt einer Auszeit wird relativ bald verpuffen. Dann hatte diese sozusagen nur einen Service- und Reparatureffekt, um den Schaden zu beheben, die Maschine wieder in Schwung zu bringen und die jeweilige Person wieder fit zu machen für die gleichen Leistungsanforderungen, für das Funktionieren im selben System. In unserer Wirtschaftswelt, die sich immer mehr zuspitzt in Richtung Ausbeutbarkeit, Nutzwert, Resultate und Geldanhäufung wird das – sofern eine Sabbatzeit in dieser Welt überhaupt zugelassen wird – das erwünschte Resultat sein. Die Berufstätigen sollen nach der »Kur« topfit wieder einsteigen und bitte ihren erweiterten Fokus, ihre erneuerten Energien und ihre neuen Ideen ganz dem Betrieb zur Verfügung stellen – ein Schuss, der allerdings auch nach hinten losgehen kann, wie Sie später noch lesen werden.

Ich erwartete als Selbstständige diese Vorgangsweise – eher unbewusst – von mir selbst. Beziehungsweise mir war noch nicht klar, in welchen Fluss ich da gestiegen war, der mich unweigerlich mit sich weitertrug und dessen Kraft ich mich nicht widersetzen konnte. Ich stieg mit vollem, erneuertem Enthusiasmus dort wieder ein, wo ich ausgestiegen war.

Ich arbeitete im selben Zeitumfang oder tendenziell mehr, um das »Versäumte« aufzuholen, ich pflasterte meine Freizeit zu mit Arbeiten, die im Büro überblieben und ich hatte die gleichen Strategien wie früher parat, wenn es um Verbesserungen von betrieblichen Ergebnissen ging.

Aber die Zeit war weitergegangen. Die wirtschaftliche Lage hatte sich verändert, die finanzielle Situation war schlechter geworden und in meinem Inneren war, noch unbewusst, etwas wach geworden, das sich nach einer veränderten, stimmigeren Umsetzung meiner Energien und nach einem besseren Rücklauf sehnte.

Das Jahr ging voran Richtung Spätherbst und meine übliche jährliche Branchenmesse stand wieder vor der Tür. Diese nutzte ich, um meinen KollegInnen zu zeigen, ich bin wieder da, voll da, und um meine Kunden wiederzusehen und ihnen zu vermitteln, dass ich mit neuem Elan und gleichem Engagement in ihrer Sache unterwegs war. Es waren schöne Begegnungen und Wiedersehen, ich freute mich bei den meisten ehrlich, sie wiederzutreffen und wieder in der »Familie« meiner Branche aufgenommen zu sein. Die beruflichen Themen und die Vermittlungsaufgaben, die ich auszuführen hatte, waren kaum Thema.

Alle KollegInnen wollten natürlich wissen – wie war es? Ein bisschen hatte ich das schon abgefangen durch ein längeres Schreiben mit zusammenfassenden Reiseeindrücken dieser Monate, aber trotzdem wollten sie alle noch mehr hören, was in diesen Monaten passiert war als dass sie meine Vermittlungsangebote – wie sonst üblich – besonders und ausschließlich interessierten. Sehn(t)en sich meine KollegInnen selber so sehr nach dem, was ich gerade erlebt hatte?

Nach der Messe kehrte wieder der Berufsalltag ein. Wir arbeiteten fleißig, führten Bestellungen aus, versandten in Massen Ansichtsexemplare unserer Waren, schlossen Verträge, verwalteten, informierten, telefonierten – alles, was in meiner Branche wichtig ist, um erfolgreiche Transaktionen einzuleiten. Angesichts der schwierigen wirtschaftlichen Situation taten wir das mit noch ein bisschen mehr Elan, als wir es bisher getan hatten. Wir gaben uns sozusagen die Sporen, durch noch mehr Leistung, noch mehr Anstrengung etwas mehr wirtschaftlichen Erfolg zu erringen – unsere Taktik war: mehr vom Gleichen. Und sie ging nicht auf. Denn es braucht(e) neue Strategien, neue Herangehensweisen an das Thema Arbeit im Allgemeinen.

Und innerlich tauchte allmählich – wieder nur halb bewusst und eher als emotionales Unbehagen – in mir die Frage auf, wieso ich überhaupt in eine Sabbatzeit gegangen war, wenn nun alles wieder so war wie vorher. Was waren denn nun die Auswirkungen, die Resultate und vielleicht sogar die Konsequenzen jener Zeit?

Diese Frage müssen Sie sich stellen, sofern Sie ein Sabbatical nicht nur als eine Art verlängerten Urlaub betrachten, sondern die Ernte einbringen und eine Auszeit auch als Wurzel für qualitative Veränderungen und Verbesserungen für Ihr Leben sehen wollen. Jene Frage kann sehr radikal sein und Ihr neues, altes Leben gehörig durcheinander bringen, denn einiges wird vielleicht nicht mehr so geschmiert laufen wie früher und jene Auszeit wird wie von selber ihre Konsequenzen fordern, weil Prozesse unweigerlich in Gang gekommen sind und sich nicht mehr zurückdrehen lassen.

Und die zweite Frage ist: Wie kann ich jene Veränderungen und »Resultate« einer Auszeit auf einer höheren Ebene als zuvor zu einem funktionierenden Teil meines jetzigen Lebens machen?

Resultate

Tasten im Wald der Antworten

Die Frage nach den Resultaten ist eine zutiefst persönliche, fast intime, denn ihre Antwort wird so breit ausfallen wie die Zahl der Menschen, die in einer Sabbatzeit waren.

Generell lässt sich sagen: Schauen Sie auf die Gründe, wieso Sie in eine Auszeit gehen wollen oder in einer waren. Dort liegen die Schlüsselpunkte, an denen Sie etwas verändern sollten. Wenn Sie sehr gestresst sind/waren und dauernd über Ihre Grenzen gehen/gingen, wird der große Freiraum einer Sabbatzeit Ihnen mehr Ruhe und Zentriertheit verschaffen, um besser zu verspüren, wo Ihre Grenzen liegen. Ein Resultat wird sein, dass Sie in der Lage sind, besser auf sich zu horchen, Ihre Grenze früher zu ziehen und zu einer besseren Lebens- und Arbeitsqualität zu kommen.

Wenn Sie Ihre Kraft und Kreativität im Beruf verloren haben/hatten und ausgebrannt sind/waren, burned out, dann wird Ihnen die Sabbatzeit Kräfte, Ideen und Visionen zurückgeben, die Sie für sich und vor allem für sich höchstpersönlich nutzen sollten.

Diese beiden theoretischen Beispiele beschreiben einfache Grundmuster, wie die Sabbatzeit zu Resultaten führen wird, die positiv verändernd in Ihren Alltag einfließen können.

Für manche Menschen gehen die Auswirkungen und Resultate einer Sabbatzeit aber weit darüber hinaus und haben lebensverändernde, sogar lebensumstürzende Konsequenzen.

Es ist immer eine Frage, wie weit man gehen will und kann. Ob die eigenen Umstände so große Veränderungen wie z.B. Berufswechsel oder Wechsel des Lebensmittelpunkts erlauben oder ob es eher um sanftere Formen der Veränderung geht, wie bessere Arbeitsstrukturen, mehr Zeit für sich selbst oder mehr Sinn im Leben.

Für mich war das vorwiegende Resultat meiner Sabbatzeit ein zunehmender Wald von Fragen. Das hatte ich nun davon!

Auf der einen Seite tat ich mit großem Engagement und Überzeugung meinen Job, setzte mich intensiv mit der veränderten wirtschaftlichen Situation auseinander, stellte mich den Konflikten im Team und entwickelte gemeinsam mit meinem Team und dem Berater Strategien für verbesserte Ergebnisse unserer Arbeit.

Daneben taten sich allmählich, im Lauf der Monate, Themen auf, die man als Lebensthemen bezeichnen könnte – in ethischer und moralischer Hinsicht und sie betrafen den Sinn des Lebens.

Ich las sehr viel (wie ich das neben meinem Job noch hineinpressen konnte, ist mir bis heute noch nicht klar), vor allem grundlegende theoretische Texte aus den Bereichen Umwelt, Philosophie, Quantenphysik und Spiritualität.

Die Antworten, die ich bekam und die Haltungen, die ich mir im Laufe der vielen Monate aneignete, machten mein Leben nicht einfacher, denn ich wurde zunehmend darauf hingewiesen, ja geradezu dorthin geführt, was »richtig« ist und was wichtig sein könnte – natürlich nur für mich. Und ein solcher Prozess fordert eigentlich Konsequenzen.

Daher lesen Sie die nächsten Kapitel bitte als zutiefst persönliche. Sie können, Sie dürfen mich begleiten auf einer Reise in sehr intime Fragen mit sehr persönlichen Antworten. Sie haben keinen Anspruch auf Allgemeingültigkeit, weil jede und jeder in diesem Bereich eigene Wege gehen und daraus persönliche Antworten finden muss. Wenn Sie wollen, können Sie sich von dieser Reise in die »Resultate« einer Sabbatzeit Anregungen und Impulse mitnehmen. Wenn nicht, betrachten Sie diese bitte mit Wohlwollen.

Gut arbeiten

Eine der zentralen Fragestellungen, die mich aktuell nach meinem Wiedereinstieg am meisten beschäftigte und die immer intensiver in mir hochstieg, ist jene nach dem »gut arbeiten«. Sie ist weit über das rein Persönliche hinaus auch eine kollektive Frage und gerade im Augenblick, so glaube ich, von globaler Wichtigkeit.

Wie sollte ich meine Arbeit gestalten, dass ich mir die Freude an der Tätigkeit, das Engagement, in Summe also die positive Essenz erhalten konnte, ohne mich zu überlasten und auszubrennen? Tue ich meine Arbeit auf eine Art, die mir schadet?

Das ist zunächst eine sehr persönliche Frage und die meisten bleiben bei ihr stehen und müssen es vielleicht auch. Darüber hinaus gibt es aber noch den kollektiven

Aspekt – mache ich eine Arbeit, die gut ist innerhalb von größeren Zusammenhängen, die anderen Menschen, anderen Lebewesen, dem Gesamtsystem nützt, die, sehr allgemein gesagt, der Welt etwas zurückgibt – oder bewirkt meine Arbeit eine Schwächung oder Schädigung im Gesamtsystem? Ist sie ausbeutend, Ressourcen vernichtend und für andere Menschen eigentlich schädlich?

Sie denken an eine Sabbatzeit oder waren in einer, weil das Verhältnis zu ihrer Arbeit nicht mehr ganz stimmte. In der langen Zeit und den weiten Freiräumen, die eine Auszeit verschafft, haben Sie sich regeneriert und nun wollen Sie etwas anders und besser machen. Das kann auf der ganz persönlichen Ebene Ihres Arbeitsplatzes liegen, auf einem schmäleren Gebiet, das kann sich aber auch auf breitere Gebiete ins Kollektive ausweiten.

Die meisten von uns sind in ihrer Arbeit unmittelbar abhängig von dem Verdienst, das sie bringt. Das ist okay so, sofern Sie von dieser Abhängigkeit nicht geschädigt werden oder andere schädigen. Aber das erspart Ihnen nicht die Frage nach einer größeren Sinnhaftigkeit Ihrer Tätigkeit. Die Antwort, die von den meisten Menschen dazu kommt, wenn sie auf die Stimmigkeit und Sinnhaftigkeit ihrer Tätigkeit angesprochen werden, lautet ungefähr so: *Ich muss ja, ich kann ja nicht anders.*

Machen Sie sich nicht selbst mit dieser Ausrede klein! Arbeit muss in irgendeiner Weise sinnvoll sein, denn nur dann tut sie Ihnen gut und somit anderen (siehe Kapitel »Gerne Arbeiten«). Das Argument der Abhängigkeit vom Geld, vom Einkommen ist gültig, aber nicht absolut gültig. Sie können immer etwas tun, das die Stimmigkeit Ihrer Tätigkeit, Ihr persönliches Wohlgefühl dabei und die Nützlichkeit für andere verbessert.

Wenn Ihre Arbeit Sie nicht mehr befriedigt und erfüllt und auch wenn sie eigentlich schädlich ist für andere, sollten Sie sie wechseln. Lassen Sie sich bitte nicht von der Angst in Schach halten, keine andere, stimmigere Tätigkeit zu finden. Ich glaube, die Energie und der Antrieb, der aus der Freude und dem Etwas-Gerne-Tun und Etwas-Richtiges-Tun kommt, sind so positiv und stark, dass das Realitäten schafft und sich Möglichkeiten auftun.

»Gute Arbeit« muss Sinn machen und Ihnen Freude bereiten. Dann wird sie auch positiv nach außen wirken. Die Wege und Taktiken, diese Gefühle, diesen »Sinn« zu erreichen, sind aber sicher vielfältig.

Was aber, wenn die realen Umstände so schwierig sind und die Kasse so knapp, dass an einen positiven Sinn und freudiges Arbeiten kaum zu denken ist, sondern es ganz banal ums Durchhalten und Überleben geht? Harte und schwierige, schlecht bezahlte Arbeiten, stressvolle und sehr verantwortungsvolle Tätigkeiten lassen sich nicht leicht in diese Werteskala des »Gut Arbeitens« einordnen. Der Müllmann, die Putzfrau, der Bergarbeiter, die Mitarbeiterin im Callcenter oder die überlastete Turnusärztin wird bei diesem Thema möglicherweise die Augen verdrehen und es als idealistische, realitätsferne Schwärmerei abtun oder als resigniert-fatalistisch verwerfen.

Hier liegt das Andersmachen vielleicht im Versuch, sich anders auszurichten und in dieser schwierigen Arbeit auch schöne und verdienstvolle Seiten zu entdecken. Der positive und bestärkende Blick auf sich selbst kann nämlich auch im Außen Wunder wirken.

Natürlich müssen wir fast alle Abstriche machen, denn ein fixes Monatseinkommen ist ein gewichtiges Argument. Aber in der Essenz haben Sie auch das Recht auf eine schöne und befriedigende Arbeit und Ihren richtigen Platz. Entweder können Sie in Ihre Arbeit Strukturen einbauen, die eine höhere Qualität und Befriedigung für Sie selbst bedeuten. Oder Sie suchen sich diese Sinnhaftigkeit außerhalb. Sie können in Projekten und Vereinen mitarbeiten, die an Themen arbeiten, die Sie bewegen und die gut sind für die Welt. Sie können selbst etwas ins Leben rufen, das den Aspekt der Freude und des Caring für andere realisiert. Und sei es nur der Fuchsienzüchterverein.

Wenn Sie dadurch Freude erfahren, zu einem freundlicheren, sozialeren Menschen werden und mehr Offenheit und Achtsamkeit der Natur gegenüber erwerben, hat der Fuchsienzüchterverein seinen Sinn.

Der richtige Platz

Für mich ging und geht die Bedeutung der Frage nach der »guten Arbeit« aber noch darüber hinaus. Ab einer bestimmten Lebensphase – und ich war mit Anfang 40 eindeutig in dieser –, wenn die Karriereziele erreicht sind, das Ego ausreichend gefüttert wurde, die Anerkennung und das Geld geflossen sind, wenn ein Teil dieser sehr außenorientierten Ziele erreicht wurden, sind andere Themen dran. Als Erstes das Thema des Zurückgebens.

Ich glaube, wir sind alle Teil eines großen Systems, des Systems Erde, aus dem wir dauernd schöpfen und bekommen. Alles, was wir zum Leben brauchen wie die Basis für Nahrung, Kleidung, Energiegrundstoffe, immaterielle »Güter« wie Wissen, Ausbildung, Förderung, menschliche Qualitäten von anderen – Freundlichkeit, Liebe, Unterstützung, und auch Schwierigkeiten, Ablehnung oder Kritik, um zu lernen.

Irgendwann sind wir abgerundete Persönlichkeiten und können ein bisschen loslassen und den Blick woanders hin richten – nämlich, was kann ich, nach und neben all dem Nehmen beitragen, um die Welt zu einem guten Platz zu machen, zu einem Platz, wo ich und andere gut leben können? Was kann ich beitragen zu einem förderlichen Klima, das Menschen und eine Vielfalt von Lebensformen in ihrem Wachstum optimal unterstützt? Die Zeit des Gebens ist angebrochen.

Um das tun zu können, muss ich als Person am richtigen Platz sein, denn nur von dort werde ich förderlich sein. Der »richtige Platz« ist der, wo mein Herz und meine eigentlichen Fähigkeiten zu Hause sind. Der »richtige Platz« ist daher wohl der meiner Seele, meiner eigentlichen Persönlichkeit. Ihn wahrzunehmen geht nur über das Gefühl, nämlich über das Wohlfühlen.

Wo und womit Sie sich wirklich wohl fühlen, ist der Kern Ihres Seins und Ihrer Fähigkeit. Und nur von dort aus werden Sie ausstrahlen können, um die »richtige Arbeit« zu tun.

Thema zwei: Was ist meine eigentliche Aufgabe? Hinter dieser Frage steht die Vorstellung, dass jede/r von uns einen besonderen Grund hat, wieso sie oder er auf dieser Welt ist; etwas, wozu man da ist; eine Aufgabe, die nur die jeweilige Person in einzigartiger Weise erfüllen kann, um dem Leben etwas zu geben und weil sie genau ihrem/seinem Wesen entspricht. Die Aufgabe hat nichts mit Pflicht zu tun, sondern mit Überzeugung, Freude und Liebe.

Die Antwort resultiert aus dem Vorhergegangenen. Wenn Sie am für Sie richtigen Platz sind und sich dort mit sich wohl fühlen, können Ihre Gefühle sich öffnen. Sie können horchen, was Sie ruft. Das ist eine sehr fein(stofflich)e Arbeit, bei der Sie sozusagen Ihre inneren Antennen ausrichten und warten. Es ist kein Prozess, der beschleunigt werden kann und das Resultat kann auch nicht vorausbestimmt werden. Die Wartezeit, lauschend, geduldig, ist manchmal nicht angenehm, weil man sich orientierungs- oder nutzlos fühlen kann.

Manche Menschen müssen nicht warten, weil sie eine gute Verbindung zu ihrem Inneren haben und sehr genau spüren, was ihre Aufgabe ist, bzw. sie diese längst ausüben und nicht – wie die meisten von uns, den Umweg über die außendefinierten Ziele genommen haben.

Ich kenne den Prozess aber nur als langsamen, wo zuerst die Sensibilität und die Wahrnehmung geschärft werden, die dann nach innen zielen und dann geht's eigentlich ans Abwarten. Die Ziele können nicht so bestimmt und angegangen werden, wie wir das sonst gewohnt waren. Man plant nicht nach außen orientiert, zeigt gewissermaßen mit dem Finger auf ein mit dem Kopf festgelegtes Ziel und macht sich mit den entsprechenden Strategien auf den Weg. Nein, man lauscht auf den »Ruf«. Spirituelle Leute nennen das »den Weg des Herzens gehen« und er führt ins Zentrum und zur eigentlichen Aufgabe.

Einziges Hilfsmittel und guter Indikator ist die Sehnsucht und mit ihr die Frage: *Was zieht mich, wo zieht es mich hin?* Vielleicht fragen Sie sich manchmal, wonach Sie sich von ganzem Herzen sehnen – nicht im Sinne von Mangel, sondern von Freude und Fülle. Das wird ein guter Wegweiser sein.

Eine Freundin erzählte mir vor kurzem von einer Therapiesitzung, bei der sie von der Therapeutin gefragt wurde:

Warum bist Du wieder (auf die Erde) gekommen? Und sie antwortete, ohne viel Nachdenken, spontan aus dem Bauch: *wegen der Blumen*!

Ich fand das ein sehr berührendes Beispiel für diesen Prozess: diese Freundin ist Biologin mit einem sehr intensiven Verhältnis zur Natur. In der Tiefe ihres Herzens weiß sie genau, was sie zieht und ruft, wo ihre eigentliche Aufgabe liegt.

Ich war zu dieser Zeit aber noch nicht so weit, irgendeine Antwort, geschweige denn eine Berufung zu spüren. Ich realisierte, dass es mich beschäftigte, was es denn neben meinem Beruf sonst noch gibt, was mich sonst noch zieht. Daran dachte ich immer wieder, dem versuchte ich nachzuspüren, aber ein klares Signal fehlte und ich hatte auch keine Ahnung, wie dieses aussehen könnte. Daher vergaß ich das Ganze meist wieder.

Die Wachstumsgesellschaft

Auf meinen Reisen hatte ich viele andere Arten zu leben gesehen und alle waren darauf ausgerichtet, mit den vorhandenen Möglichkeiten, unter den vorherrschenden Bedingungen den Alltag und das Überleben von Tag zu Tag möglichst angenehm zu gestalten. Dies geschieht in den unterschiedlichen Teilen der Welt, bei allen Bevölkerungen mit einer Mischung aus Kreativität, Ideenreichtum, vielerlei Techniken und Pragmatismus.

Es gibt hunderte Arten menschlicher Bedürfnisse wie Arbeit, Ernährung/Kochen, Schlafen, Heizen, Kinderaufzucht oder Vergnügungen zu organisieren und zu gestalten. In manchen Weltteilen sind die Lösungen einfacher und ärmer, in anderen in allen Spielarten des Wohlstandes und des Luxus vorhanden.

Dann war ich in meine gewohnte Welt zurückgekehrt. Und hier in Europa (und natürlich auch in Amerika) gehören wir eindeutig zu jenen Bevölkerungen, die ihr Leben mit viel Aufwand, Verbrauch und Geld in eine sehr angenehme, sichere Form bringen – zumindest der Großteil von uns. Manchmal mit zu viel Aufwand, zu viel Verbrauch und zu viel Sicherheit.

Ich bin im Allgemeinen gerne eine Bürgerin der Ersten Welt. Aber manchmal, wenn ich von meinen Reisen zurückkam, zum Beispiel aus Chile, aus Peru, aus Nepal, aber auch aus den USA, Australien oder aus anderen europäischen Ländern, hatte ich den unmittelbaren Vergleich vor Augen, wie andere Menschen ihr Leben organisieren und ich blickte mit etwas kritischer Distanz auf unsere Form.

Manchmal saß ich, zurück in meiner gewohnten Welt, in meinem Wohnzimmer oder an meinem Arbeitsplatz und fragte mich, wie sehr ich das brauchte, sogar, wie sehr ich das eigentlich wollte, was ich da um mich herum angesammelt hatte. Ein Netzwerk an Angenehmem, Schönem und Sicherem umgab mich da. Große Wohnung, repräsentative Büroräume, teures Auto, zu viele Klamotten, statt einem Essgeschirr drei, einige gute Möbel, einige Luxusgegenstände, ein paar alte Erbstücke, jede Menge Elektronik für Büro und Unterhaltung, zu viele Bücher, Bankkonten, Sparbücher, Wertpapiere, zu viele Versicherungen ...

Diese Liste lässt sich bei jeder/m von Ihnen auf irgendeine Weise sicher ergänzen. Sie nimmt einem den Atem, denn die Organisation und Verwaltung dieser Dinge ist ein Job für sich, und das Leben ist anderswo.

Wir sind gefangen in der Schaukel von Arbeit und Konsum – je höher die Schaukel schwingt, je mehr wir arbeiten und unsere Energien verausgaben, desto sicherer werden wir als Ausgleich und Belohnung konsumieren. Je mehr wir konsumieren, desto härter müssen wir dafür arbeiten. Wir sitzen fest in der Falle des Kapitalismus, der uns unsere Arbeitskraft abkauft und uns dafür seine Waren anbietet. Zeit zum Leben, zum Nachdenken und -fühlen, gar zum Unzufrieden-Werden und Sich-Widersetzen soll nicht bleiben, sonst läuft die Maschinerie nicht genug.

Was zu einem guten Leben führen könnte, nämlich ein stimmiges Maß an Arbeit, Wohlstand und Absicherung, ist zum Selbstzweck geworden, der uns zu Sklaven macht.

Die Grundmaxime unserer Gesellschaft ist »Wachstum«. Aber der Begriff ist ideologisch so aufgeladen, dass gar nicht mehr gefragt wird – Wachstum wohin und Wachstum wofür?

Mehr Wirtschaftswachstum, mehr Umsatz, mehr Gewinn (die Schattenseite: mehr Ressourcenverbrauch, mehr Umweltzerstörung, mehr Ungerechtigkeit). Die Lust auf mehr Gewinn wäre ja irgendwie menschlich und verständlich, aber wofür? Geld steht nicht für sich allein, ist kein Selbstzweck, sondern materialisiertes Symbol für Energie. Es ist ein Mittel, uns ein gutes Leben zu ermöglichen, um Platz und Zeit zu gewinnen, zu uns selbst zu finden und dem eigentlichen Zweck unseres Daseins nachzugehen. Geld für sich allein ist völlig nutzlos, es macht nur Sinn als Impulsgeber, Dinge in Bewegung setzen zu können, an denen wir uns erfreuen und die menschliches Wachstum ermöglichen.

Aber in der industriellen Wachstumsgesellschaft steht Geld für sich allein, als Ziel per se. Und wir sind konditioniert, durch ein falsch definiertes Wachstum, mehr und mehr davon haben zu wollen. Und seine dauernde Anschaffung drängt uns in einen leeren Automatismus, der unsere Lebendigkeit verhindert.

Was ist »Genug«?

Schwierige Frage! Für mich lag und liegt sie mit ihrer Lösung vor allem auf emotionaler Ebene. Bis ich allmählich ein Gefühl der Sattheit und Erfülltheit in mir verspüren konnte, vergingen viele Jahre und der Schlüssel dafür war – Dankbarkeit. Und um Dankbarkeit empfinden zu können, musste mir die Welt ein guter Ort werden und die Menschen mir nahe und ähnlich. Und damit mir die Welt ein guter Ort werden konnte, musste ich seelisch heilen und Vertrauen fassen ... usw. usw. – es ist eine Katze, die sich in den Schwanz beißt.

Was ich damit sagen will: Wenn wir die Fülle, die uns dauernd umgibt, sehen können, entsteht ein Gefühl von »genug«, von »es ist gut«. Daraus entsteht Freude und Genuss und irgendwann ein Berührt-Sein und eine Dankbarkeit, dass ich so viel bekomme und das Leben schön ist.

Wer innere Schmerzen mit sich trägt, die nicht geheilt sind, oder alten unversöhnten Groll, wer von Misstrauen und Angst geprägt ist, wer daran glaubt, dass andere Menschen ihr/ihm Schlechtes wollen und schlecht sind, wird das Leben, das sie/ihn umgibt, grundsätzlich nicht als schön, nährend und erfüllend sehen können. Wie kann es dann jemals genug sein?

Wer das Loch in der eigenen Seele ohne einen tiefen Prozess von Bewusstwerdung, Auseinandersetzung und Heilung oberflächlich stopfen möchte, wird der Welt abverlangen, das Material dafür zu liefern und wird hungrig im Außen nach Ausgleich suchen. Eine Gier nach dem, was einem eine knappe, negative Welt vermeintlich dauernd vorenthält, wird zu einer Mentalität von Immer-mehr-haben-Wollen führen. Mit den Resultaten dieser Einstellung sind wir täglich weltweit konfrontiert. Unsere Gier nach mehr hat die Welt aus der Balance gebracht und hat ganz direkte und aktuelle Auswirkungen, vor allem in jenen Weltgegenden, aus denen wir die Grundstoffe für unseren Überfluss beziehen.

Ich habe in Neuseeland und Australien Menschen aus der Urbevölkerung getroffen, auf früheren und späteren Reisen nach Südamerika hatte ich ebenfalls Kontakt mit indigenen Menschen und sie sind es, die unmittelbar den Preis unseres Nicht-satt-Werdens zahlen – und dieser Preis heißt Armut. Fast alle alten Völker des Südens leben in großer Armut, ihrer Ressourcen und ihres Landes mehr und mehr beraubt, marginalisiert in den untersten Etagen der Gesellschaft. Ihr Überleben ist in direkter Linie abhängig von unserem Genug-Bekommen. Und ein »gutes Leben« auch für sie wäre eine selbstverständliche Frage der Gerechtigkeit und des Ausgleichs.

Nun gut, diese Analyse habe ich nun noch recht gut hingekriegt und Ihnen sind diese Zusammenhänge wahrscheinlich auch nicht ganz unbekannt. Aber was wäre jetzt das Andere? Was ist die Antwort auf: Was ist genug? Und wie können wir ein Leben mit dem Gefühl und einem täglichen Verhalten des »Genug« gestalten?

Seit Jahrhunderten versuchen verschiedenste Bewegungen eine Antwort darauf zu finden und ein anderes Leben zu leben. In der Romantik hat man sich empfindsam in die Natur zurückgezogen, in den 20er-Jahren hat man kollektive Formen des Wohnens und Wirtschaftens versucht und kommunale Häuser- und Gartenanlagen geschaffen. Die Hippies haben Konsumverzicht und Friedfertigkeit gepredigt, die Umweltbewegungen wollen den Ressourcenverbrauch über Nachhaltigkeit in den Griff bekommen und die Therapiefreaks suchen die Antwort nach dem Genug in der Seele.

Im Moment habe ich das Gefühl, dass uns die Modelle, die kühnen Visionen, die idealistischen Planungen und die enthusiastischen Versuche, es anders zu machen, genügsam zu leben, durch all das hektische Arbeiten ziemlich verloren gegangen sind in der Ersten Welt der Multis, in der Gewinn-Ideologie ertrunken.

Aber irgendwo formieren sie sich schon wieder, die Trüppchen der Zivilgesellschaft, der Menschen, die spüren, es muss etwas anders werden und die sich in den unterschiedlichsten Formen für ein gutes Leben einsetzen wollen.

Ein anderes Leben

Ein anderes Leben ist nicht das simple Gegenteil von dem einen Leben, das wir jetzt führen, es ist nicht die zweite Seite eines dualistischen Weltbilds. Es geht nicht um gut/böse, schwarz/weiß – es geht um die »höhere Lösung«, welche die Summe aller Einzelansätze ist. Die höhere Lösung auch für das ganz persönliche Leben, wo Gegensätze versöhnt und integriert werden können und ein nachhaltiges Leben im besten Sinne möglich wird.

Für mich blieb in all meinen Strukturen, meinem täglichen Leben, meiner Arbeitswelt, die Frage: Wie kann mein anderes Leben aussehen, nicht als Schwarz-Weiß-Abziehbildchen, wo ich das Alte wegwerfen muss, sondern etwas Neues integrieren kann? Wie kann ich in meinem Leben das Gefühl von »Genug«, von Erfüllt-Sein und Wohlergehen in der Praxis umsetzen?

Das ist natürlich ein never-ending-project, denn da gibt es keine sicheren Beispiele und vorgezeichneten Wege, sondern nur mäandernde Linien, die sich an den eigenen Bedürfnissen und der äußeren Situation orientieren. Was mir dabei hilft, ist die Frage, was echte Lebensqualität ausmacht, was wahrer Luxus sein kann und worauf ich keineswegs verzichten will. Ich lasse dabei das Thema Geld bewusst raus, um zu den dahinterstehenden Werten zu kommen, die ein Leben eigentlich zu einem lebenswerten Leben machen.

Nun muss ich eine kleine Liste machen und mit ein paar Grundbegriffen operieren, die für mich (und vielleicht auch für Sie) im Zentrum (m)eines Lebens stehen:

Freiheit: das gute alte Wort aus der Französischen und vielen anderen Revolutionen. Im Großen meint es politische Freiheit und Frei-Sein von Diktatur und Unterdrückung. Aber im »Kleinen«, im ganz Persönlichen ist es ebenso wichtig und meint die Freiheit und Souveränität über das eigene Leben und die zentralen Entscheidungen. Sie meinen, Sie sind frei, weil Sie in einer westlichen Demokratie leben? Sehen Sie bitte genau hin!

Freiheit über die eigene Zeit scheint mir sehr wichtig. Dass ich selbst bestimmen kann, was ich wann und in welchem Tempo machen kann. Die Zeiten der Ruhe, der Langsamkeit, der zweck-losen Tätigkeit und des Arbeitens in der richtigen Zeit machen Lebensqualität aus.

Freiheit über das, was einen nährt (zunächst körperlich gemeint), was man isst, finde ich ebenso zentral, auch wenn es Ihnen vielleicht etwas absurd und eigentlich selbstverständlich erscheint. Aber ich möchte selber entscheiden können, was ich kaufen kann und zu mir nehme – in Zeiten des genetisch manipulierten und von Konzernen patentierten Saatguts, dessen Produkte dann in unseren Supermärkten landen, keine Selbstverständlichkeit.

Und dann natürlich die Freiheit über das, was einen geistig nährt. Auch das scheint selbstverständlich und das Angebot an Bildung und Kultur ist groß. Aber die Einflüsse und Kontrollmöglichkeiten der Mediengesellschaft ebenso. Einige Stichworte dazu: tägliche Überflutung mit Werbung, Selektion von Information in den Nachrichtenmedien, Kontrollmöglichkeiten in den elektronischen Medien wie Internet und Mobiltelephonie, das Angebot an stereotypen, klischeehaften Rollen- und Lebensbildern.

Gruppe und Freundschaft: ganz wichtig! Nachdem wir alle soziale Wesen sind, tut uns die Vereinzelung, die in großstädtischen Strukturen und druckvollen Arbeitsverhältnissen häufig ist, nicht gut. Ich brauche Zeit und den inneren Raum, Freundschaften pflegen zu können, neue aufzubauen und mich Gruppierungen anschließen zu können, deren Inhalte mich interessieren oder mir Spaß machen und mit denen ich etwas tun/aufbauen möchte. Ein »gutes Leben« braucht die »Sangha«, so nennen die Buddhisten die unhierarchischen Gemeinschaften von ähnlich orientierten Menschen, die sich unterstützen.

Visionen und Ziele: »Höhere Ziele« im Sinne von Idealismus, Freude, Engagement sind so wichtig wie körperliche Nahrung. Ein Leben ohne Perspektiven, ohne die Möglichkeit, das, wofür ich mich engagiere, auch umsetzen zu können, ist ein enges Leben. Umso schöner ist es, Ideale zum Leben bringen zu können. Dies wird oft nur in Zusammenarbeit mit mehreren Menschen, der »Sangha«, möglich sein, weil sich gemeinsam die Kräfte potenzieren und Rückschläge besser verarbeitet werden können.

Schönheit und Genuss: diese Begriffe sind am schwierigsten zu definieren, weil sie so persönlich sind. Sie sind hier wieder eher im nicht-materiellen Sinne gemeint, als innerer Raum, der sich so weit öffnen kann, dass z.B. die Schönheit von Natur, von Architektur, von Musik, von Kunst wirklich wahrgenommen werden kann. Schönheit ist Nahrung für die Seele und wo sie – ganz individuell und in ihrer ganzen Verschiedenheit – ist, drückt sich ein harmonischer Zustand im Außen aus. Genuss – so breit die Palette da auch wieder sein kann – ist die Fähigkeit, sich Schönes zu geben, zu gönnen und es wirklich schätzen zu können. Für mich ist es die intensivste Form von Wertschätzung überhaupt.

»Glaube«: die transzendente Dimension in unserem Leben. Ein Leben ohne sie macht mich erdverhaftet, eindimensional, ich-verhaftet. Die Orientierung auf eine spirituelle Ebene öffnet, nährt, heilt und macht mich achtsamer und respektvoller gegenüber den Vorgängen auf »irdischer« materieller Ebene.

Diese Liste ließe sich noch lange fortsetzen und Sie könnten das mit Ihren wichtigsten Werten auch tun. Wenn Sie feststellen, dass einige Punkte in Ihrem Leben fehlen oder zu wenig Platz bekommen, sind Handeln und Veränderung angesagt.

Für manche Menschen drückt sich das »andere Leben« aber nicht nur im Vorhandensein jener Grundqualitäten und -werte aus. Für sie ist die Anforderung, anders zu leben, so radikal, dass sie auch gänzlich andere Strukturen im Außen realisieren wollen und Schluss machen mit dem einen Leben. Wir bezeichnen sie als Aussteiger. Die herkömmlichen Sicherheiten und gewohnten Lebenswege, die sich meistens in einer sicheren Arbeit, einem gleich bleibenden Wohnort und dem ganzen Paket von sozialen Absicherungen für Gesundheit, Alter, undenklichen Varianten von Schutz gegen Bedrohungen und Schäden und der Schleife von Geld, Warenwelt und Konsum ausdrücken, gelten für diese Menschen nicht mehr. Sie wollen das »ungesicherte Leben« leben und gehen absichtlich aus diesen Netzwerken heraus. Der Preis dafür ist hoch, denn es heißt dann ohne Modelle, ohne doppelten Boden und die weichen Abpolsterungen zu leben. Der Gewinn ist ebenso hoch – Freiheit, innerer und äußerer Bewegungsspielraum und ein guter, scharfer Blick auf die Vorgänge, Zwänge und Steuerungen des »normalen« Lebens.

Die Sabbaticalwarnung

Achtung – ein Sabbatical kann Ihr Leben nachhaltig verändern. Diesen »Beipacktext« sollten Sie lesen, bevor Sie in eine Auszeit gehen. Eine Auszeit nimmt Sie heraus aus allen gewohnten Zusammenhängen, aber auch aus allen Problemen und Belastungen, die damit zusammenhängen. Sie erhalten sehr viel inneren und äußeren Raum und den werden sie nutzen und sich in ihn hinein ausbreiten. Sie werden diese Räume lieben lernen und – wie Sie ja ausführlich vor allem in den letzten Kapiteln lesen konnten – es wird Ihnen dabei allerlei in den Kopf kommen. Die Themen und Sehnsüchte, die bei Ihnen lange Zeit zu kurz gekommen sind, werden aufblühen und ihre Lebendigkeit entfalten. Bildlich gesprochen ist es, wie wenn Sie in ein lange trocken liegendes Flussbett Wasser fließen lassen. Die Kraft des Flusses und in welchen Strömungen, Rückströmungen, Strudeln und Tümpeln er fließt, werden sie nicht mehr kontrollieren können.

Ebenso wenig sind die Prozesse, die eine Sabbatzeit auslöst, reversibel. Insofern – *Vorsicht*! Eine Auszeit ist eine Zeit mit revolutionärem, umstürzendem Potential. Lebendigkeit lässt sich dauerhaft nicht unterdrücken und die Kraft der Sehnsucht und der Wünsche ist mächtig.

Viele Menschen, die in einer Auszeit waren, konnten und wollten nach dieser Phase nicht mehr in ihre früheren (Arbeits)strukturen zurückkehren. Angestellte machten sich selbstständig, Selbstständige suchten sich ein anderes Betätigungsfeld. Viele steigen aus der Spirale der Leistungsanforderungen und des Geld-machen-Müssens aus und widmen sich einer für sie sinnvolleren Arbeit. Daher sind Sabbatzeiten auch für Firmen eine ambivalente Sache. Die Personal- und Führungsebene weiß sehr wohl, dass sie mit dem Feuer spielt, wenn sie ihren MitarbeiterInnen eine Auszeit genehmigt. Es gibt eine 50:50 Chance, dass diese zurückkommen – entweder als erholte, hoch motivierte Arbeitskräfte, die ihre Ideen wieder voll in die Firma einbringen wollen oder sie bleiben weg, als aufmüpfige, veränderungswillige Leute, die ab nun in ihrem Leben etwas ganz anderes machen wollen. Dieser »Braindrain« trifft

Firmen hart, umso mehr, als Auszeiten meistens in der mittleren bis höheren Ebene genommen werden und ein Ausstieg auf Dauer einen großen Verlust an Know-how bedeutet.

Also in Summe – Sie werden nach einer Sabbatzeit nicht anpassungsfähiger und kompatibler mit Ihnen eigentlich widerstrebenden Anforderungen Ihrer Umwelt, sondern werden im Gegenteil durch die erlebte Horizonterweiterung den eigenen Bedürfnissen und Wahrheiten gegenüber sensibler. Der lebendige Fluss im ehemals trockenen Bett wird Sie forttragen – Sie wissen nicht wirklich, wie weit – und es kann gut sein, dass Sie sich eines Tages als AussteigerIn wiederfinden. Aber dann wird es der eine Endpunkt einer langsamen stimmigen Entwicklung gewesen sein, vor der Sie sich nicht fürchten, sondern die sie in ihrer Kraft begrüßen sollten.

Rat-Los

Die meisten LeserInnen werden mich nun fragen, was denn die eigentlichen, konkreten Auswirkungen meiner Sabbatzeit waren und mit welchen Rezepten ich zurückgekommen bin, die ich vielleicht weitergeben könnte.

Ich muss Sie enttäuschen. Dieses Buch ist bewusst nie ein Ratgeber gewesen und ich fühle mich auch rat-los. Was eine Sabbatzeit in Bewegung bringen kann, sind sehr langsame, an der Oberfläche kaum sichtbare Prozesse, die im Alltag, zumindest in meinem Fall, eher unscheinbar zu Tage traten.

Ich ging nach diesen neun Monaten weiterhin meiner Arbeit nach, weiterhin mit Freude und Elan und hatte mich scheinbar völlig wieder in den alten Alltag eingefügt. Was ich vielleicht an mir bemerken konnte, war ein anderer Umgang mit meinen Ressourcen. Ich war nicht mehr bereit, sogar körperlich fast nicht mehr in der Lage, außer mit starken Widerstandsgefühlen, über meine Grenzen zu gehen. Der achtsame Umgang mit mir selbst stand nun stärker im Zentrum als früher und ich setzte mich deutlich für die Wahrung dieser Grenzen ein.

Ansonsten wurde mein Leben vielleicht zielloser, im Sinne von: Ziele weniger rein intellektgesteuert formulieren und »angehen«. Ich habe etwas mehr Vertrauen, dass Ziele mich holen und ich nicht kontrollieren kann und muss, wie der Weg auszusehen hat und wann er abgeschlossen sein sollte. Meine Gefühle sind zu einer Leitschnur geworden, der ich lauschend und tastend folge. Wenn sie mir keine deutlichen Signale senden, kann ich warten und habe gelernt, mich mit der Verunsicherung der Wartezeit abzufinden, bis die Signale wieder stärker werden und mir einen Weg zeigen.

Eindeutig verschoben hat sich durch die vielen Reisen mein Wertegebäude. Die hierarchischen Ordnungen der Welten – Erste, Zweite, Dritte Welt – sind gefallen. Ich kann mich nicht mehr überlegen fühlen, weiter entwickelt und daher mit mehr Rechten ausgestattet, diese Welt zu besitzen. Mein Leben ist dadurch »horizontaler« geworden, mit einem weiteren Rahmen, mehr Betroffenheit und Solidarität, aber auch einem schärferen Blick den Schwachpunkten meiner Lebensform gegenüber. Eigentlich wären viele unterschiedliche Leben für mich vorstellbar – ich sehe sie gleich-gültig, mit Offenheit, Neugierde und einem Vielleicht.

Und noch eines: ein intensives, manchmal fast schmerzlich scharfes Empfinden für Schönheit ist mir geblieben. Was ein Baum im Wald mit mir tun kann, Wolkenschichtungen über einer Ebene, Wind in Blättern, ein lachender Mensch auf einer Bank, eine Lichtreflexion auf der Verglasung eines Bürohochhauses, ist einzigartig und nährt mich – noch mehr als früher.

Postscriptum

Heute, fast drei Jahre nachdem ich in eine Sabbatzeit gegangen war und zwei Jahre nach meiner Rückkehr, sitze ich an meinem Schreibtisch und alles – wirklich alles – ist anders geworden. Der Fluss, in den ich gestiegen war, hat mich unaufhaltsam fortgetragen, obwohl ich bei meinem Wiedereinstieg noch nicht einmal wusste, dass ich mitten in der Strömung stand.

Ich erzähle Ihnen nun noch eine letzte Geschichte, meine Geschichte, an der Sie sehen werden, was Sabbatzeit – langsam, aber umso tief gehender – in Gang setzen und bewirken kann. Ich war also wieder eingestiegen in meine Berufswelt und hatte mit großem Einsatz und immer noch einiger Freude daran gearbeitet, meinen Betrieb gut auf dem Weg zu halten, ihn erfolgreicher zu machen als er war, ihm mehr Rücklauf und Anerkennung abzuringen ... Eine spirituelle Beraterin hatte mir zu dieser Zeit ein symbolisches und überdeutliches Bild dazu gegeben – dass ich mit perfekter Technik versuche, dünne Fäden durch winzige goldene Ösen zu ziehen, versuche, in mühseligster Kleinarbeit aus meiner Arbeit ein Kunstwerk zu machen – und mich dabei verliere!

Ein Dreivierteljahr später wurde ich krank, im Prinzip nicht gravierend, aber in einer Weise, die sich bedrohlich entwickeln hätte können. Und bei mir begannen alle Alarmsirenen zu schrillen. Nachdem ich nicht an die Zufälligkeit und Losgelöstheit von Krankheit glaube, sondern an einen engen Zusammenhang von Seelischem und Körperlichem, begann ich mich zu fragen, wo denn die Blockade liegt, die sich in meinem Körper manifestierte und materialisierte. Die Antwort kam schnell, innerhalb von drei Tagen, und sie fiel sehr radikal aus: Ich entschloss mich, meinen Betrieb zu verkaufen und den Weg weiterzugehen, den ich mit meiner Auszeit begonnen hatte. Ich konnte die Themen nicht zum Verstummen bringen, die in jener Zeit aufgetaucht waren, und die Fragen, die ich mir begonnen hatte zu beantworten, forderten – in meinem Fall – Konsequenzen. Meine Krankheitssymptome waren mit dieser Entscheidung nach zwei Monaten verschwunden.

Vor einem Jahr habe ich meinen wunderbaren kleinen Betrieb an meinen Nachfolger übergeben, mit Wehmut, mit Liebe und im Gefühl der absoluten Stimmigkeit.

Heute bin ich am Beginn eines neuen Weges und arbeite im Natur- und Umweltbereich, konkret mit den Mitteln der Ökopsychologie und Tiefenökologie, um meiner Mitwelt etwas zurückzugeben und den Riss zwischen innerer und äußerer Natur, den wir alle in uns tragen, ein Stück heilen zu können. Damit diese Welt nicht ein kontrollierter, restlos in Besitz genommener Platz für wenige wird, sondern für uns alle ein schöner, ein vielfältiger, ein wilder, ein geheimnisvoller Platz bleibt.

Mein australischer Lehrer in der Tiefenökologie hat mir

eine Frage mitgegeben, radikal und in ihrer Einfachheit für uns alle und unsere Arbeiten und Wege gültig. Finden Sie Ihre Antwort bitte selber darauf:

Does this path have a heart – Hat dieser (mein) Weg ein Herz?

Literatur

Bücher, die mich während und nach meinem Sabbatical begleitet haben:

Dürr, Hans-Peter: *Für eine zivile Gesellschaft. Beiträge zu unserer Zukunftsfähigkeit.* München: DTV 2000

Foster, Steven/Little, Meredith: *Die Vier Schilde. Initiationen durch die Jahreszeiten der menschlichen Natur.* Uhlstädt: Arun 2000

Gottwald, Franz-Theo/Klepsch, Andrea (Hrsg.): *Tiefenökologie. Wie wir in Zukunft leben wollen,* München: Hugendubel 1995

Lüpke, Geseko von: *Politik des Herzens. Nachhaltige Konzepte für das 21. Jahrhundert. Gespräche mit Vordenkern und Visionären.* Uhlstädt: Arun 2003

Macy, Joanna/Young Brown, Molly: *Die Reise ins lebendige Leben. Strategien zum Aufbau einer zukunftsfähigen Welt. Ein Handbuch.* Paderborn: Junfermann 2003

Pessoa, Fernando: Alvaro de Campos. *Poesias /Dichtungen. Portug./Dt.*, Zürich: Ammann 1987

Plotkin, Bill: *Soulcraft. Crossing into the Mysteries of Nature and Psyche.* Novato: New World Library 2003

Roszak, Theodore: *Ökopsychologie. Der entwurzelte Mensch und der Ruf der Erde.* Stuttgart: Kreuz 1994

Roy, Arundhati: *Der Gott der kleinen Dinge.* München: Blessing 1997

Sheldrake, Rupert: *Das Gedächtnis der Natur. Das Geheimnis der Entstehung der Formen in der Natur.* Frankfurt: Scherz, 11. Aufl. 2003

Wenn Sie die letzten Kapitel angesprochen haben und Sie interessiert sind an einem intensiveren Kontakt zu Natur, der inneren wie der äußeren, wenn Sie Selbsterfahrung in schöner Natur machen wollen oder sich in den Themen Nachhaltigkeit, Freude, Engagement und emotionales Verbundensein mit ihrer Mitwelt erfahren möchten, können Sie sich gerne an mich wenden. Ich halte in regelmäßigen Abständen Seminare im Bereich Ökopsychologie, Tiefenökologie und Naturbegegnung ab. Mail: diana.voigt@tplus.at